0~12개월

그림으로 읽는
운동 발달과 움직임 놀이

봄비와 씨앗

우리 아기 특별한 첫 해 운동 발달을 위한 부모 안내서

그림으로 읽는 0~12개월
운동 발달과 움직임 놀이

박은주 지음

봄비와 씨앗

차 례

추 천 글
프롤로그 우리 아기 특별한 첫 해 운동 발달을 위한 부모 안내서   8

1장   출생 과정과 출생 초기의 생존을 돕는 원시 반사 (Primitive Reflex)

1	출생 과정과 출생 초기의 생존을 돕는 원시 반사	14
2	중력을 이기는 힘을 키우는 반응	20
3	높은 수준의 운동을 가능하게 하는 균형 반응	23
4	아기 발달에도 순서가 있다고?	27
5	원하는 곳으로 효율적으로 움직일 수 있게 해주는 정중선	30
6	생애 초기 운동 발달의 목표, 움직임의 자동화	31

2장   아기 발달의 기초를 다지는 양육자의 역할

7	움직임 놀이와 목적	34
8	움직임 놀이 시 양육자의 역할 수행	35
9	균형 잡힌 발달을 위한 구성요소	36
10	아기와 움직임 놀이할 때 주의사항	41

3장   0~3개월 | 아기 돌보기

11	자세의 발달	44
12	아기 안기 방법	52
13	엎드린 자세 지원	56
14	아기 관찰	62
15	아기 놀이 지원	62
16	생후 10주부터 시작하는 아기 마사지	69

4장 4~6개월 | 바닥에서 놀자

- 17 자세의 발달 ... 98
- 18 몸을 가지고 놀기 ... 102
- 19 아기 관찰 ... 103
- 20 아기 놀이 지원 ... 103
- 21 부드러운 아기 체조 ... 109

5장 7~9개월 | 먼 세계로 탐험하자

- 22 자세의 발달 ... 114
- 23 아기 관찰 ... 117
- 24 아기 놀이 지원-다양한 자세에서의 놀이 ... 117
- 25 네발기기 능력의 중요성 ... 121
- 26 앉는 시기에 대한 고민 ... 121

6장 10~12개월 | 높은 세계로 탐험하자

- 27 자세의 발달 ... 128
- 28 특성 이해와 지원 ... 131
- 29 아기 관찰 ... 133
- 30 아기 놀이 지원 ... 133

참고문헌 140 | 부록 141

추천글

인간의 발달은 단순히 시간이 흐르며 자연스럽게 일어나는 현상이 아닙니다. 우리가 살아가는 물리적-사회적 환경과의 신체적 상호작용을 통해, 감정과 인지, 심리적 발달이 이루어집니다. 바로 이러한 상호작용이 '몸'이라는 감각운동 기관을 통해 체험되고, 기억되는 것입니다.

피아제의 인지발달 이론을 바탕으로 볼 때, 감각운동 능력은 자신의 신체를 다양하게 체험하고 인식하며, 타인과의 관계에서도 주인의식을 가지고 당당히 행동하도록 돕습니다. 움직임이 부족할 경우, 건강상의 문제는 물론이고 또래 집단과의 놀이 경험이 부족해져 사회성 발달에도 문제가 생길 수 있습니다. 결국, 이는 아동의 원만한 자아 형성에 부정적인 영향으로 이어집니다.

영아기는 인간 발달의 가장 중요한 단계 중 하나입니다. 이 시기에 마사지와 같은 신체적 접촉은 애착 형성에 매우 중요한 역할을 하며, 안정적인 애착은 건강한 사회적 뇌 구조의 기초를 형성합니다. 이는 추후 성숙한 사회적 관계를 형성하는 데에 큰 도움이 됩니다.

저는 모든 소아과 영유아 보호자, 특히 이른둥이 부모들에게 경험해 보도록 권유해야 하는 지침서로 이 책을 추천합니다. 보호자와 전문가들은 아기가 스스로의 몸을 탐색하고 세상과 상호작용하는 방법을 배우며, 아기는 부모와 애착을 형성하고, 건강한 자아를 발전시켜 나가는데 기초가 될 것입니다.

이 책이 여러분과 여러분의 사랑스러운 아이들에게 따뜻한 동반자가 되어 함께 성장하고, 배우고, 살아가는 여정에 함께 하기를 바랍니다.

2023년 11월
아이들세상의원 이현숙

프롤로그

우리 아기 특별한 첫 해
운동 발달을 위한 부모 안내서

양육자는 아기에게 최고의 움직임 놀이터이다. 아기의 몸은 태어나서 머리를 가누고 구르고 기고 일어서서 걷기까지 충분한 움직임을 경험해야 한다. 대단한 장난감 없이도, 하루 5~10분 움직임 놀이를 통해 아기는 양육자의 부드럽고 안정적인 손길로 편안한 자세와 운동 발달 단계에 맞는 움직임 놀이를 지원받는다. 아기는 양육자의 섬세한 관찰을 바탕으로 적절한 신체적 자극을 받아 스스로 자신의 몸을 알고 조절하는 경험을 하게 될 것이다. 또한 양육자는 아기가 자신의 품에서 발달하는 것을 지켜보며 자신이 아기에게 꼭 필요한 존재임을 느끼고 자신감을 갖게 된다. 다양한 자세에서 움직임 놀이를 통해 아기와 양육자가 긍정적이고 친밀한 정서적 유대감이 형성되면서 애착이 차곡차곡 쌓이게 될 것이다.

물리치료사로서 20년 동안 병원 재활의학과에서 뇌성마비, 사경, 신경장애, 유전병 등 운동 발달 지연을 보이는 영유아부터 편마비, 척수손상환자, 사고로 인한 움직임에 어려움을 가진 성인 환자까지 다양한 환자들을 보며 신체의 운동 기능을 향상시켜 일상으로 돌아가 좀 더 쉽고 편안하게 활동할 수 있도록 힘써 왔다.
10년 동안 심리운동사로 소아과에서 3~12개월 아기의 심리운동을 양육자와 함께 하였다. 양육자는 아기에게 호기심을 자극하여 놀이를 통한 자발적 움직임을 유도하고 양육자의 정서적 안정과 양육 효능감을 지원하면서 양육자와 아기의 안정적 애착 형성을 위해 지원하는 심리운동 프로그램을 하고 있다.

심리운동은 심리와 운동 간의 유기적인 관계를 의미하는 감각과 지각, 그리고 유기적인 움직임의 통합체로 다양한 움직임을 통하여 인간적 발달을 도모하는 교육적 치료적 활동이다. 자기 자신의 신체를 다양하게 체험하고 인식하며 자신과 주변 물질세계, 나아가 자신과 타인과의 관계 속에서 주인의식을 갖고 당당히 행동할 수 있도록 한다. 또한 개인의 욕구와 필요에 따라 자유롭게 즐길 수 있는 자유공간과 시간을 제공하여 자율성 추구를 향한 욕구를 지원한다(레나테 짐머, 2005).

최근 치료 현장에서 만나는 영유아 중에서 신체에 별다른 이상이 없는데도 운동 발달이 늦는 경우가 많다. 아기가 스스로 몸을 움직이려고 할 때 애쓰는 모습을 보며 기다리는 것은 양육자에게 힘든 일이다. 그래서 양육자들은 아기가 힘들지 않게 하려고 빨리 도와주는 경우가 많다. 하지만 이렇게 하면 아기는 스스로 움직일 수 있는 기회를 잃게 된다.

저출산 시대에 코로나 등 감염병 등등의 이유로 주변에서 아기 키우는 사람을 만나기가 쉽지 않다. 그래서 이 책을 이웃집 아기가 몇 개월에 어떻게 움직이고, 무얼 하며 노는지 구경하듯 보아도 좋을 것 같다. 이 책에는 다음과 같은 키워드를 중심으로 설명되어 있다.

- 원시 반사 / 자세 반응
- 운동 발달 순서
- 신체의 정중선
- 움직임의 자동화
- 움직임 놀이 시 양육자의 역할
- 균형 잡힌 발달 요소
- 안기 방법
- 엎드린 자세 지원
- 아기 마사지
- 아기 체조
- 단계별 자세 발달(0~3, 4~6, 7~9, 10~12 개월)
- 아기 관찰
- 놀이 지원
- 네발기기의 중요성
- 앉는 시기의 고민
- 아기 특성 이해와 지원

이 책은 영아를 키우는 양육자와 영아의 성장 발달을 돕고 있는 전문가들에게 알기 쉽게 이해할 수 있도록 많은 그림을 넣어 설명하였다. 0~12개월 아기의 단계별 운동 발달에 중요한 기본적 지식과 움직임 놀이 방법을 전하기 위해 이 책을 쓰게 되었다.

처음부터 보지 않고 필요한 부분을 먼저 보아도 상관없다. 그리고 부탁드리고 싶은 것은 여기에 나오는 개월 수에 연연하지 않기를 바란다. 어떤 아기는 더 빠를 수 있고, 어떤 아기는 더 느릴 수 있기 때문이다. 하지만 발달 순서는 될 수 있으면 지키는 것이 좋다. 만약 생략하고 다음 단계로 가는 경우 힘, 협응 그리고 조절력이 부족할 수 있기 때문이다. 부족한 부분을 발견할 때 유용한 것이 단계별 놀이 지원이다. 특히 느리게 발달을 하는 경우 현재 아기의 수행 개월 수에 집중하여 놀이를 지원하기를 부탁드린다.

이 책이 양육하면서 막막하고 어렵게 느껴지는 운동 발달과 움직임 놀이 방법을 통해 아기와 양육자 모두 재미있고 행복할 수 있는데 작은 도움이 되기를 희망한다.

'그림으로 읽는 0~12개월 운동 발달과 움직임 놀이' 책이 나오기까지 애써주신 봄비와 씨앗 사장님과 편집 실장님 그리고 옆에서 오랫동안 도와준 든든한 딸 재원이와 포기하지 않도록 많은 용기를 북돋아준 여러 동료 선생님들에게 진심으로 감사드린다.

2023년 11월
박은주

1장

아기 발달의 신비

1. 출생 과정과 출생 초기의 생존을 돕는 원시 반사
2. 중력을 이기는 힘을 키우는 반응
3. 높은 수준의 운동을 가능하게 하는 균형 반응
4. 아기 발달에도 순서가 있다고?
5. 원하는 곳으로 효율적으로 움직일 수 있게 해주는 정중선
6. 생애 초기 운동 발달의 목표, 움직임의 자동화

1. 출생 과정과 출생 초기의 생존을 돕는 원시 반사
(Primitive Reflex)

인간을 제외한 대부분의 포유류는 태어나자마자 중력을 버티고 일어나 걸어 다닐 수 있는 능력이 있다. 인간의 아기가 이처럼 출생 후 바로 걷기 위해서는 약 22~23개월의 태아 상태를 거쳐야 한다. 그러나 인간은 직립보행을 하면서 골반의 구조가 달라져 여성의 산도(産道 : 아이를 낳을 때 지나는 통로)가 태아의 두개골에 비해 좁아지면서 산모와 태아의 생존을 위해 10개월의 짧은 임신 기간을 가지게 되었다. 인간의 아기가 태어나 다른 포유류처럼 걷기까지 최소 1년 동안 양육자로부터 밀접한 양육이 필요하다.

미숙한 신생아가 세상에서 살아남기 위해 필요한 전략이 바로 원시 반사(primitive reflex)이다. 원시 반사로 알려진 초기 반사는 아기가 자궁 안에 있을 때나 출생 과정에서 안전하도록 돕고, 출생 후에는 움켜잡거나 밀치는 등 생존에 필요한 무의식적 동작을 유발한다. 초기 모든 동작은 반사에 거의 의존하며, 신체 발달의 기본 요소가 된다.

뇌가 발달함에 따라 생후 4개월경 원시 반사는 궁극적으로 아기가 기거나 걷기 위해 몸을 똑바로 세우는 '자세 반응(postural reaction)'으로 통합된다. 그럼 중요한 원시 반사에 대하여 알아보자. [1, 2, 3]

① 쥐기 반사(Grasping Reflex)

손가락 쥐기 반사는 아기 손바닥을 눌렀을 때 손가락을 꽉 오므리는 모습을 보인다. 고대시대에 험준한 지형을 지날 때 살아남기 위해 양육자의 머리카락을 꼭 잡고 매달려 생존하려는 강한 욕구를 보여준다. 태어나면서부터 나타나 생후 5~6개월 사이에 사라진다 (그림1.1).

소멸을 위해 아기의 손과 발에 다양한 촉감 자극을 제공하는 것이 좋다. 쥐기 반사가 사라진 이후 자연스러운 자기 진정 행동(엄지손가락 빨기, 손가락으로 만지작거리기, 머리카락 가지고 놀기 등)과 소근육 조작 기술(만지기, 잡기, 조물 거리기, 엄지와 검지로 물체를 집는 능력)로 이어진다.

(그림1.1) 손가락 쥐기 반사

발가락 쥐기 반사는 어떤 자극이나 물체가 발가락에 닿으면 오므리는 모습을 보인다. 발에서는 임신 28주에 나타나 발의 지지 기능이 생기는 9개월 이후 없어지기 시작한다(그림1.2).

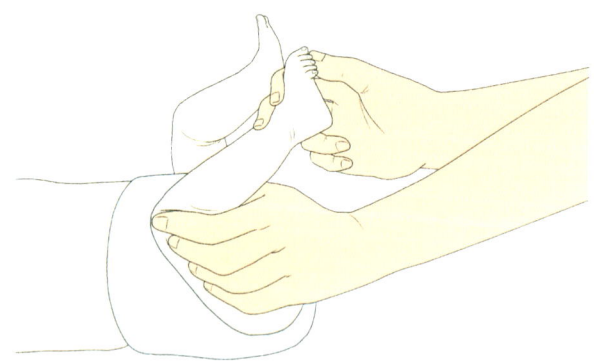

(그림1.2) 발가락 쥐기 반사

② 모로 반사(Moro Reflex)

모로 반사는 자궁에서 28주부터 발달하여 출생 후 첫 호흡을 자극하고 새로운 환경이 주는 감각에 적응하는 역할을 한다. 출생 후 신생아는 큰 소리와 강한 빛과 같은 외부 자극을 받으면 몸이 뻣뻣해지고, 팔, 다리, 손가락을 좌우로 크게 벌리고, 눈을 부릅뜨는 모습을 보인다. 모로 반사는 몇 초 동안만 지속되고 이후 아기는 긴장을 푼다. 모로 반사는 머리 조절을 통해 안정되는 시기인 약 3~4개월 이후에는 사라진다 (그림1.3).

모로 반사의 소멸을 위해 가능하다면 아기에게 자궁에서와 비슷한 감각과 스트레스 수준이 낮은 환경을 제공해 주는 것이 좋다. 이것은 신생아에게 속싸개를 하는 중요한 이유가 된다. 모로 반사가 지속해서 나타난다면 아기의 균형감각과 움직임 발달에 영향을 미치게 되며, 더 복잡한 활동에 자신감을 갖지 못할 수도 있다.

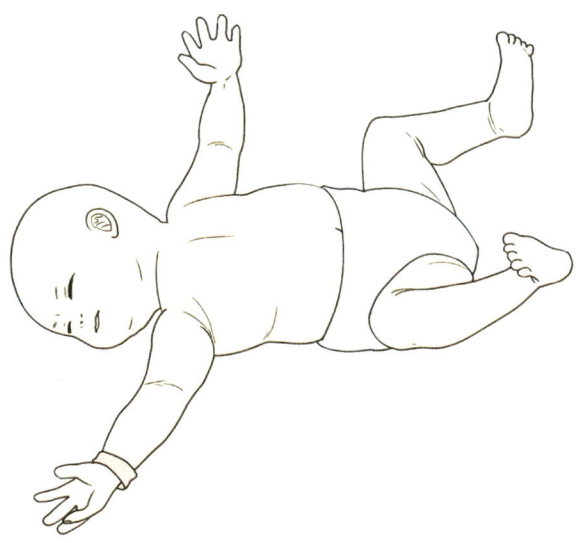

(그림1.3) **모로 반사**

③ 젖 찾기 반사(Rooting Reflex) / 빨기 반사(Sucking Reflex)

 젖 찾기 반사는 신생아의 볼을 살짝 건드리면 아기는 건드린 방향으로 머리를 돌리고 입을 벌리는 반사행동이다(그림1.4). 젖 찾기 반사와 빨기 반사는 젖을 찾고 빨 수 있도록 도와주는 생존의 필수적인 반사이다(그림1.5).

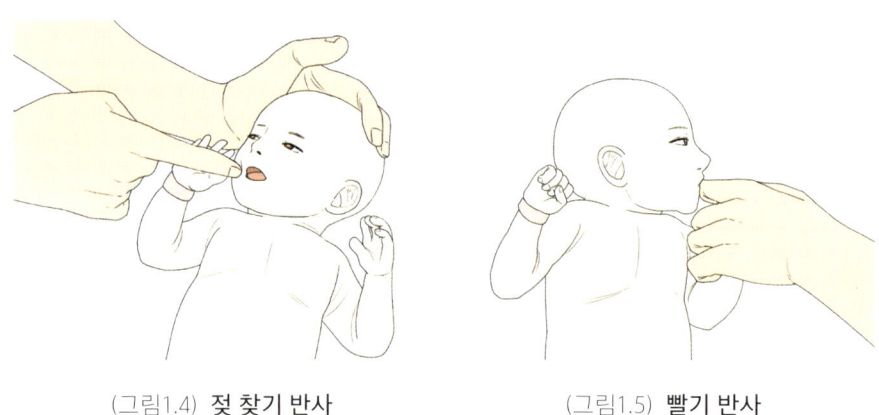

(그림1.4) **젖 찾기 반사**　　　　　(그림1.5) **빨기 반사**

④ 비대칭성 긴장성 경반사(Asymmetric Tonic Neck Reflex, ATNR)

 비대칭성 긴장성 경반사 혹은 펜싱 반사(fencing reflex)라고도 한다. 목의 회전에 의해 나타나는 반사로 아기가 머리를 돌리면 앞쪽 팔이 쭉 펴지고, 뒤쪽 팔은 구부린 상태로 있게 된다. 비대칭성 긴장성 경반사는 출생 시 아기가 몸을 비틀어 산도를 지날 수 있도록 하며, 출생 후에는 아기가 머리를 한쪽으로 돌리고 엎드렸을 때 잘못해 기도가 막히지 않도록 도와준다.

 비대칭성 긴장성 경반사는 출생 시에 나타나 생후 1~2개월에 가장 분명하며, 두 손으로 바닥을 짚고 몸을 일으키는 생후 4~6개월에 점차 조절되어 간다. 비대칭성 긴장성 경반사가 사라지고 팔은 머리와 별개로 움직인다(그림1.6).

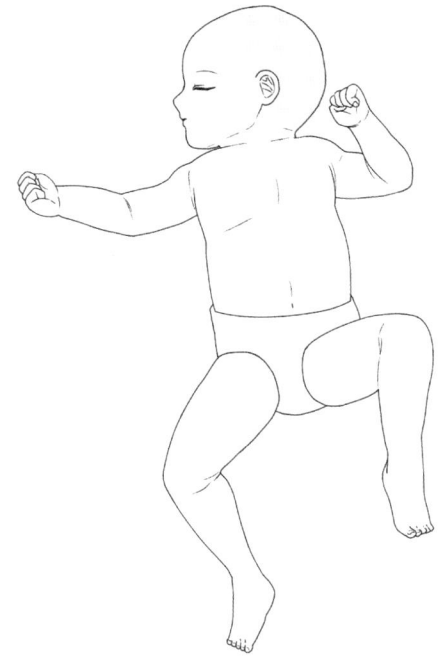

(그림1.6) **비대칭성 긴장성 경반사**

이 외에 원시 반사는 외부 물질로부터 눈을 보호하기 위한 눈 깜박임 반사(eye-blink reflex), 걷는 것과 비슷한 모습을 보이는 걷기 반사(stepping reflex), 아기를 물에 넣었을 때 보이는 수영 반사(swimming reflex) 등이 있다. 원시 반사를 통제하는 뇌간(brainstem)은 출생 시 가장 먼저 발달하는 뇌 부위이다. 대뇌(cerebrum) 조직이 성장함에 따라 대뇌피질(cerebral cortex) 발달로 반사행동 대신 자발적이고 복잡한 운동능력으로 변화되어 간다. 그러므로 아기에게서 적절한 반사가 나타나는지, 혹은 너무 약하게 나타나지는 않는지, 비정상적으로 오래 지속되지는 않는지 주의 깊게 관찰할 필요가 있다.

2. 중력을 이기는 힘을 키우는 반응

 태아시기 수중 생활을 하던 아기가 중력이 작용하는 환경에 적응하고 두 발로 서고 걷기까지 많은 준비가 필요하다. 중력을 이기고 환경에 적응하기 위한 힘을 키우는 반응을 알아보자. [1]

① 팔의 양성 지지 반응(Positive Supporting Reaction)

 아기 몸에서 가장 무거운 머리를 똑바로 세우는 일은 신체를 조절하는 첫 번째 과제이다. 발달 단계에서 매우 중요하며 머리를 조절하지 못한다면 혼자 힘으로 기거나, 앉거나 두 손을 사용하려고 할 때 어려움을 겪으며 실패하기 쉽다. 팔의 양성 지지 반응은 나중에 앉거나 선 자세에서 균형을 잃고 넘어지려 할 때 보호 신전 반응(protective extension reaction)의 준비 단계가 된다.

 팔꿈치 지지는 생후 3개월에, 손으로 머리와 몸을 지지하는 것은 생후 4~6개월에 나타나 평생 유지된다(그림1.7).

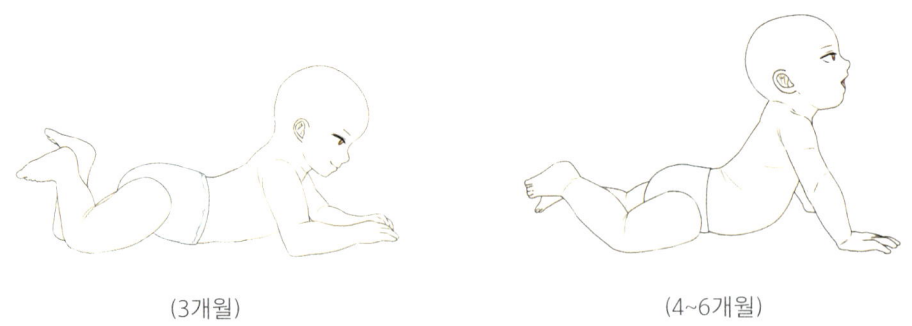

(3개월)　　　　　　　　　(4~6개월)

(그림1.7) 팔의 양성 지지 반응

② 다리의 양성 지지 반응(Positive Supporting Reaction)

다리의 양성 지지 반응은 원시 반사의 형태가 아닌 몸을 바르게 세우려고 하는 성숙한 형태의 서있는 상태를 말한다. 검사 방법은 아기를 수직으로 들어 올린 다음, 바닥에 안전하게 지지하게 해 준다. 검사 반응은 엉덩관절과 무릎은 쭉 펴고, 발은 고유수용감각(proprioceptor)을 이용해 구부리는 근육과 펴는 근육의 협응으로 다리 전체로 체중 지지를 한다. 체중 지지가 안 될 경우 독립적으로 서기와 걷기가 어렵고, 과도한 양성 지지 반응이 나올 경우, 비정상적인 서기와 걷기를 하게 될 것이다. 3~8개월까지 보이면 정상적인 반응이며, 그 이후에도 계속 나타나면 보행에 어려움을 보일 수 있다(그림1.8).

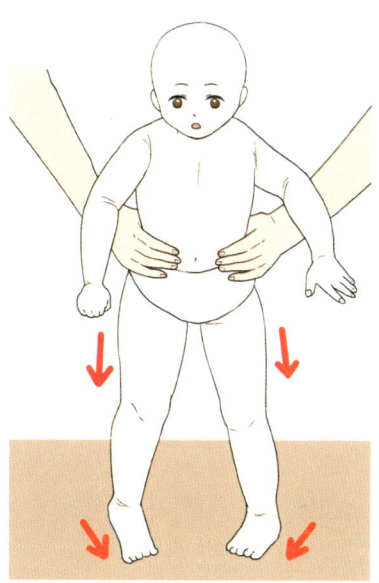

(그림1.8) **다리의 양성 지지 반응**

③ 란다우 반응(Landau reaction)

란다우 반응은 아기가 머리를 중앙에 놓고 팔과 다리를 동시에 들어 올려 수영 또는 시소를 타는 것 같은 움직임을 말한다. 란다우 반응은 머리에서 발 끝까지 동시에 강하게 펴는 동작을 통해 척추의 발달과 몸통과 어깨와 엉덩 관절의 연결성을 갖게 된다. 또한 몸통 코어 근육(core muscle)의 안전성과 팔다리의 연결성을 통해 동작이 가벼워지면서 전체적으로 하나의 축 안에서 움직임이 생성된다. 엎드리기와 서기 사이를 연결하는 데 반드시 필요하며 자세를 똑바로 유지하고, 전체적인 신체의 근력 발달을 돕는다(그림1.9). 생후 4~5개월에 나타나고 30개월 이후에 점차 조절된다.

(그림1.9) **란다우 반응**

④ 양서류 반응(Amphibian Reaction)

양서류 반응은 엎드린 자세에서 아기의 양팔과 양다리를 쭉 편 자세에서 한쪽 골반을 살짝 위로 올려주면 같은 쪽 팔과 다리가 자동적으로 구부러지는 것을 말한다. 양서류가 이동하는 모습과 비슷하다고 하여 양서류 반응이라고 부른다.

양서류 반응은 능숙한 배밀이 모습과 같다. 배밀이가 늦은 아기에게 배를 바닥에 대고 앞으로 기어가는 움직임을 자극하고, 서로 반대편 팔과 다리의 움직임이 나오도록 자극한다. 양서류 반응은 걸을 때 팔과 다리의 움직임이 서로 교차되는 상호교대 움직임을 미리 준비하는 단계이다. 양서류 반응은 생후 6개월 이후에 나타나 평생 유지된다(그림1.10).

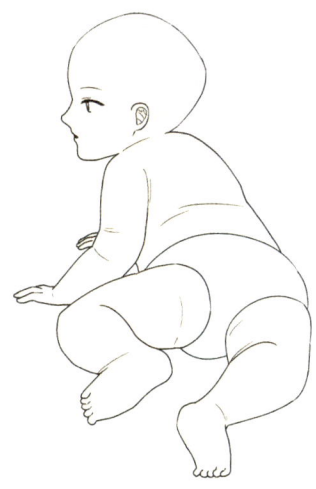

(그림1.10) **양서류 반응**

3. 높은 수준의 운동을 가능하게 하는 균형 반응

점차 시간이 지나면서 자궁 내에서 움츠린 자세가 펴지고 반사적 움직임이 줄어들게 된다. 또한 감각의 발달로 욕구가 증가하면서 움직임은 힘, 위치, 방향에 따라 다양한 의식적 반응을 보인다. 뒤집기, 기기, 네발기기, 앉기, 서기, 걷기, 달리기와 아기가 배워야 하는 다른 모든 정교한 신체 움직임은 대칭성과 비대칭, 안정적 자세와 불안정한 자세 사이의 균형을 얼마나 잘 잡느냐에 달려 있다. 다음은 아기가 자신이 원하는 자세를 만들고 똑바로 유지하도록 돕는 균형반응에 대해서 알아보자. [1]

① **정위 반응**(Righting Reaction)

  공간이나 바닥에서 비정상적인 자세로 되어 있을 때, 머리와 몸통을 정상 자세로 유지하려고 하는 이동을 정위 반응이라고 한다(**그림1.11**). 이것은 뒤집기, 기기, 네발기기, 앉기, 서기, 걷기 등을 시도할 때 자동적·능동적으로 서로 조정되어 나타난다. 출생하면서 발달하기 시작하여 생후 10~12개월경에 최대에 도달하게 되며, 대뇌피질(cerebral cortex)의 조절에 의하여 어떤 것은 없어지기도 하고, 5세 무렵부터는 조정되어 점차 평형 반응의 일부분이 되어간다.

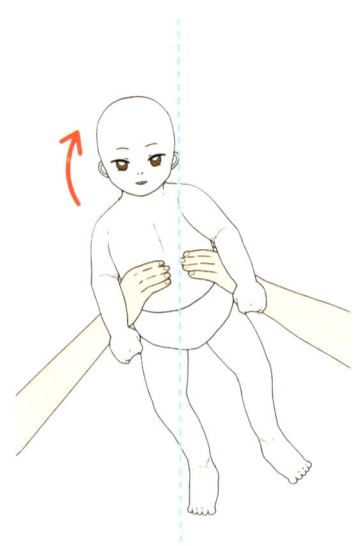

(그림1.11) **정위 반응**

② 평형 반응(Equilibrium Reaction)

평형 반응은 중력 상황에서 움직이는 방향으로 자세를 조절하여 적절한 상태를 유지하게 하는 자동적 반응이다. 생후 6개월 정도에 나타나기 시작하여 5세 이후 완전히 조절되며 평생 지속된다. 평형반응은 대뇌피질(cerebral cortex) 영역에서 통제하여 가장 고차원적인 운동을 가능하게 한다(그림1.12).

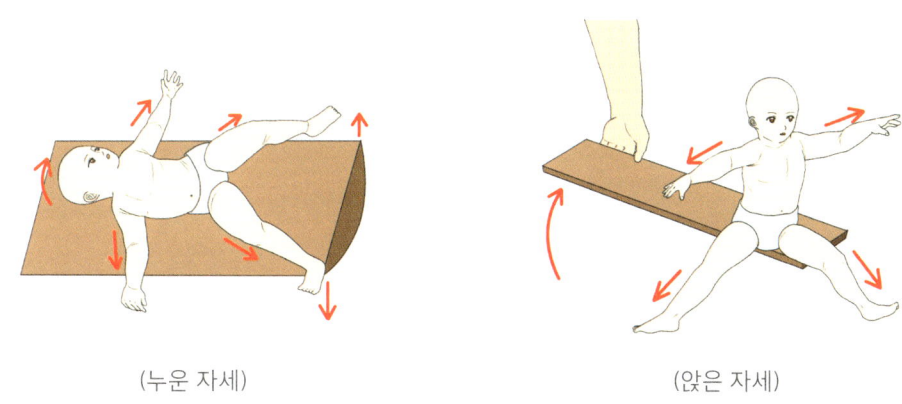

(누운 자세)   (앉은 자세)

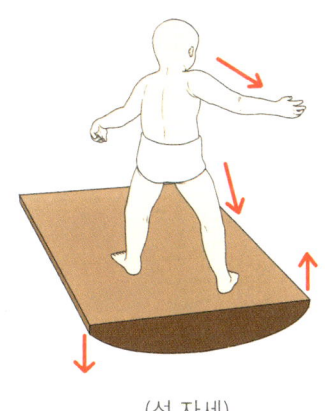

(선 자세)

(그림1.12) **평형 반응**

③ 보호 신전 반응(Protective Extension Reaction)

 아기의 균형 감각은 아직 완전히 발달하지 않았기 때문에 안전하게 걸을 수 있을 때까지 수없이 넘어지고 엉덩방아 찧을 것이라는 사실을 잘 안다. 아기가 균형을 잃고 넘어질 때 머리가 바닥에 부딪히지 않도록 팔을 뻗어 넘어지는 것을 막거나 안전하게 넘어지도록 하는 반응이 보호 신전 반응이다. 보호 신전 반응은 생후 6~7개월 이후부터 나타나기 시작하여 9~10개월이 되면 뚜렷이 나타나 평생 사라지지 않고 지속된다.

보호 신전 반응의 발달

 다리를 앞으로 쭉 펴고 앉은 자세에서는 골반과 몸통의 체중 이동과 축 회전이 증가하므로, 움직임의 범위가 넓어져 균형을 잃기 쉽다. 이때 앞쪽, 옆쪽, 뒤쪽 보호 신전 반응이 발달하게 되는데, 각 방향의 발달 시기는 골반 움직임의 발달과 체중 이동의 방향이 연관되어 있다(그림1.13).

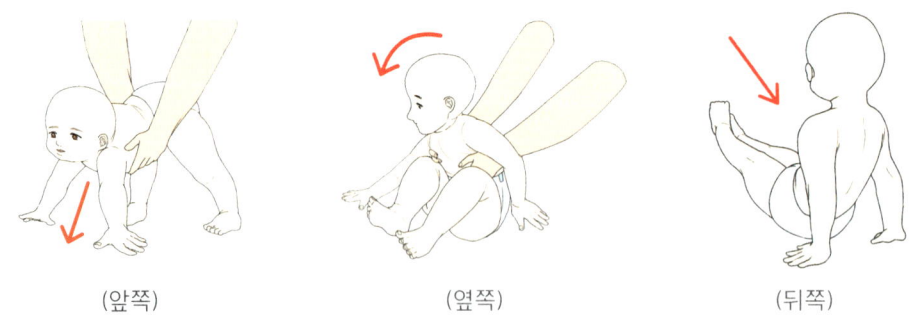

(앞쪽)　　　　　(옆쪽)　　　　　(뒤쪽)

(그림1.13) **보호 신전 반응**

4 아이 발달에도 순서가 있다고?

아기는 자기 신체 사용 방법을 알지 못한 채로 태어난다. 시간이 지나면 저절로 목을 가누고, 뒤집고, 기고, 앉고, 걷는 것이 아니다. 생애 초기 수없이 많은 반복을 통하여 뇌와 신체의 각 영역 사이에 신뢰할 수 있는 관계를 만들어야 비로소 원하는 움직임이 가능하다.

놀랍게도 아기는 움직임을 획득하는 과정에서 매우 체계적인 발달 순서를 보인다. **위에서 아래로(머리에서 다리 방향으로), 몸 안쪽에서 바깥쪽으로, 비대칭 동작에서 대칭 동작**을 통해 자기 몸에 대한 지각과 조절을 하나씩 배워나가게 된다(그림1.14 - 15).

제일 먼저 머리를 가누어 머리와 목을 자유롭게 움직일 수 있다. 그다음 어깨에서 팔꿈치를 지나 손가락으로 조절력을 획득한다. 이렇게 대근육 활동이 먼저 발달한 후에 정교하고 섬세한 소근육 활동으로 이루어진다. 머리와 몸을 이어주는 목을 가누고, 몸과 팔을 이어주는 어깨를 조절하고 점차 손으로 몸을 바르게 지지하는 데 필요한 힘과 조절력이 점점 발달함에 따라 기기, 앉기, 서기, 걷기의 단계를 밟게 된다.[9]

(그림1.14) 운동 발달의 순서 - 위에서 아래로, 안쪽에서 바깥쪽으로

비대칭 　　　　　 대칭

(그림1.15) 운동 발달의 순서 - 비대칭에서 대칭으로

아기 발달의 신비 . 1장

5 원하는 곳으로 효율적으로 움직이게 해주는 정중선 (Midline)

신체는 보이지 않는 세 개의 정중선을 기준으로 움직이게 된다. **좌-우, 위-아래, 앞-뒤**의 정중선은 몸을 효율적으로 움직이고 이동할 수 있도록 한다. 이 3개의 정중선은 한쪽, 양쪽 그리고 교차 동작을 포함한 복잡하고 조화로운 신체 움직임을 통해 발달해 간다. 또한 정중선은 움직임의 기준으로 신체를 개별적이면서도 전체적으로 가능하게 하고, 반복을 통하여 원하는 동작을 기능적이고 정교하게 할 수 있게 해 준다(그림1.16). [9]

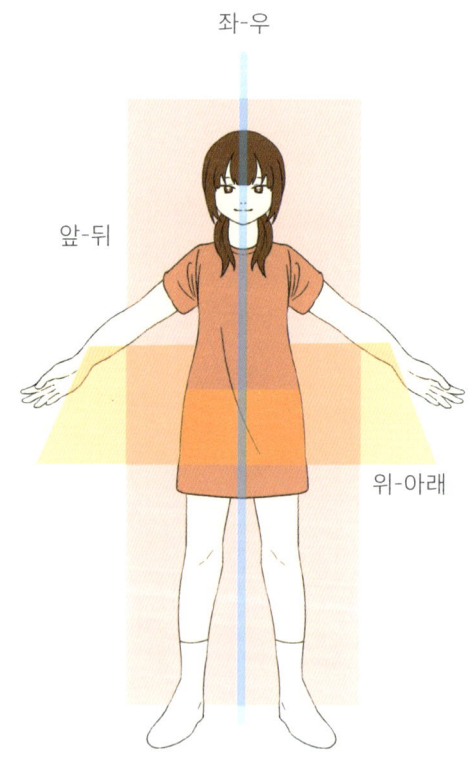

(그림1.16) **3개의 정중선**

6 생애 초기 운동 발달의 목표, 움직임의 자동화 (Automation)!

　아기의 신체 발달에 있어 우선순위로 머리 들기, 뒤집기, 기기, 서기, 걷기 같은 기본 움직임의 습득은 매우 중요하다. 왜냐하면 의식적으로 노력하지 않고 기본 움직임을 자동적으로 할 수 있어야 복잡한 사고(상상, 추론, 발명)를 할 수 있기 때문이다. 움직임의 자동화는 반복적인 기본 움직임을 각인시켜 움직임 자체를 위해 사고할 필요를 느끼지 않게 하는 것이다. 이러한 기본 움직임의 자동화를 위해서는 반복을 통한 신체 기억을 만들어야 한다. 이때 반복을 놀이로 즐길 수 있도록 주변의 관심과 칭찬이 절대적으로 필요하다.

　인간의 뇌는 한 번에 하나의 '의식적' 사고 과제를 처리할 수 있다. 태어나서 걷기까지 아기는 자신의 신체를 조절하는 것만으로도 벅차다. 자신의 몸에 적응하고 나서야 타인의 의도 더 나아가 환경을 배우고 기억하고 적용할 수 있다. 아기가 자라 걸으면서 대화를 나누는 것은 걷기라는 자동화된 상태에 대화라는 의식적인 사고를 하고 있는 것이다. 이와 같이 아기의 움직임이 자동화되도록 양육자는 초기 아동기까지 계속적인 움직임 지원이 필요하다. [9]

 # 체크 포인트

1 원시 반사는 왜 중요한가요?
6개월 이후 어떤 반사가 남고 어떤 반사가 사라지나요?

2 운동 발달과 중력은 어떤 관계인가요?

3 중력을 이기고 높은 수준의 운동을 가능하게 하는 반응 이름은 무엇인가요?

4 운동 발달은 어떤 순서로 이루어지나요?

5 신체에 있는 세 개의 정중선 위치와 각각의 운동 발달은 어떻게 이루어지나요?

6 움직임에 자동화란 무엇인가요?

2장

아기 발달의 기초를 다지는 양육자의 역할

7. 움직임 놀이와 목적
8. 움직임 놀이 시 양육자의 역할 수행
9. 균형 잡힌 발달을 위한 구성요소
10. 아기와 움직임 놀이할 때 주의사항

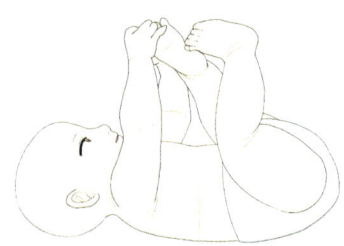

7. 움직임 놀이와 목적

 생애 초기 움직임 자극은 아기 신체와 정서 발달에 대단한 영향을 미치며, 이러한 움직임을 통하여 자신과 타인 그리고 환경에 대해 알아가게 된다. 움직임 놀이는 아기에게 여러 가지 놀이 환경을 제공하여 다양한 감각 자극을 몸으로 느끼고, 스스로 몸을 다양하게 움직이면서 신체를 조절하는 법을 알아가고, 주변의 물질과 사람들과의 경험을 통해 세상을 파악하게 하는 것을 목적으로 한다. 경험은 모든 학습의 기초이며, 경험 부족은 두려움의 뿌리가 된다. 우리는 아이들에게 새로운 것에 도전할 수 있는 용기와 계속할 수 있는 인내심 그리고 수정을 통해 목표에 가까이 갈 수 있도록 지원해야 할 것이다.
 태어나서 걸어 다니기까지 발달의 단계별 중요사항과 각각에 맞는 움직임 놀이 방법은 3장부터 소개할 것이다.

8 움직임 놀이 시 양육자의 역할 수행

아기의 성장 발달에 정말로 필요한 것은 연령별 학습 프로그램이나 어떠한 목표를 수행하도록 하는 것이 아니다. 양육자는 성장의 동반자가 되어 아기의 호기심을 자극하는 환경을 제공하고 아기가 스스로 궁금해하고 실험해 보면서 새로운 능력을 배워갈 수 있도록 해야 한다. 아기는 반복되는 놀이 속에서 성공의 즐거움과 실패의 경험을 통해 새로운 능력을 배우고 자신감을 얻는 시기를 맞이할 것이다. 양육자는 빨리 성공할 수 있는 지름길이나 정확한 답을 알려주기보다는, 스스로 관찰과 접근을 통한 접촉으로 다양한 시도를 해볼 수 있도록 여유 있게 기다려주는 인내가 필요하다. '나는 네가 무엇을 어떻게 해야 하는지 알고 있다'는 생각을 전달하거나 행동을 강요하는 것은 좋지 않다. 양육자는 기다림과 자극 주기, 아기의 욕구를 알아주고 행동하는 것 사이에서 제대로 균형을 맞추어야 하며, 이는 결코 쉬운 일이 아니다. 그렇지만 아이를 향한 노력의 시간이 지나면서 알맞은 양육의 균형을 맞추게 될 것이다.

양육자는 아기의 수준과 능력을 알고 그에 맞는 놀이를 제공하다 보면, 아기의 호기심으로 인한 활발한 움직임을 경험하게 될 것이다. 이것은 양육자로 하여금 아기와의 정서적 교감을 형성하여 새로운 것을 시도해 보려는 의욕을 불러일으킬 것이다. 놀이가 아기의 신체적, 정서적 발달을 뒷받침해주고, 양육자와 상호작용을 형성해 줄 수 있는 것이라면 단순한 것이라도 좋다. 아기에게 화려하고 거창한 것을 하려고 하기보다는 단지 그 순간에 아이에게 무엇이 좋은지 살펴 선택하는 것이 좋다. 이때 아기가 놀이를 스스로 선택한다면 훨씬 높은 집중도를 보일 것이다. 꼭 기억해야 할 점은 아기에게 한 번에 여러 가지를 제공하기보다 아기가 선택한 물건이나 놀이에 오래 집중할 수 있도록 충분한 시간과 기회를 제공하는 것이다.

9 균형 잡힌 발달을 위한 구성 요소

생애 초기 반사적 움직임에서 자신의 의지로 몸을 움직이기까지 필요한 발달 요소인 감각, 고유수용감각, 평형감각, 힘, 협응, 조절에 대해 알아보자. [9,13]

| 감각 | 고유 수용감각 | 평형 감각 | 힘 | 협응 | 조절 |

① 감각 (후각, 촉각, 미각, 청각, 시각)

감각은 자신과 세상을 알아가기 위한 배움의 출발점이다. 움직임은 감각을 자극하고, 받아들인 감각 정보는 다시 움직임에 동기를 부여하는 상관관계를 가진다. 예를 들어, 아기가 머리를 돌려 빨간 딸랑이를 본 후 그것을 향해 손을 내미는 모습을 상상해 보자. 손으로 빨간 딸랑이를 만지며 촉각 정보를 받아들이고, 자신의 의도대로 몸을 움직이는 경험은 새로운 도전의 밑거름이 된다. 더 많이 움직일수록 더 많은 감각 자극을 받아들이게 되며, 알고자 하는 동기를 더 자극하게 된다. 감각은 새로운 세계로 들어가는 출발점이 된다.

아기의 감각은 분명 새로운 자극을 접할 때마다 조율되고 향상된다. 그렇게 발달한 감각은 뇌를 자극해 인지 발달의 기초를 마련한다. 따라서 아기의 감각 발달을 촉진시키는 일은 아주 중요하다.

- 세상을 인지하는 후각

후각은 신생아의 여러 감각 중에서 가장 발달한 감각으로 아기는 엄마와 다른 사람의 체취, 젖 냄새를 구분할 줄 안다. 그리고 성인처럼 냄새에 적응하고 오래 노출되면 무감각해지는 모습도 신생아에게서 관찰된다. 후각은 환경에 대한 정보를 알게 해주는 역할을 하여 식사 시간, 목욕 상황에 대해 알려주는 감각이다. 후각은 환경을 감지하고, 엄마를 인식하는 매우 민감하고 중요한 도구이다.

- **입으로 알아가는 촉각**

  신생아에게 촉각은 태아에서부터 발달한 민감한 감각이다. 아기의 촉각 신경세포는 입이 손 보다 2배 더 많은 신경을 가지고 있다. 아기는 입을 사용하여 물체의 질감, 모양, 그리고 크기를 알 수 있다. 이것이 아기가 알고 싶은 것이 있을 때, 무엇이든 입으로 가져가는 이유다.

  촉각은 피부 접촉 시 느끼는 감각으로 재질(부드러움 / 거칠음), 온도(냉 / 온), 압력(가볍게 / 깊게), 통증, 털의 움직임 등의 감각을 알 수 있다. 피부는 뇌와 같은 외배엽에서 발달하여 엄청난 신경회로로 연결되어 정보를 주고받는다. 그래서 촉각은 전체 신경계의 조직화에 매우 중요하며 촉각 자극이 없다면 신경계는 불균형한 상태가 될 것이다. [6]

  사랑스러운 눈 맞춤, 부드러운 쓰다듬과 같은 양육자와 안정적인 접촉은 두뇌 발달과 정서 발달에 지대한 영향을 미친다.

- **태아기 맛을 기억하는 미각**

  태아가 자궁 속에서 경험한 맛과 출생 후 엄마 젖을 먹는 동안 노출된 맛은 아기 입맛을 결정하는 중요한 요소가 된다. 맛에 대한 다양한 경험은 아기에게 커다란 즐거움인 동시에 성장 발달을 돕는 촉진제 역할을 한다. 그리고 영양을 제공하는 양육자를 알아가고, 안정적인 관계를 만들어 가는 과정이기도 하다.

• 소리의 길이와 높낮이로 세상을 알아가는 청각

신생아는 소곤거리는 낮은 소리보다는 높은 소리를 좋아한다. 생후 2~3개월에 아기는 소리 발생시를 구별·추적할 수 있으며, 다양한 소리에 적응된 아기는 자신이 좋아하는 소리(친숙한 양육자의 목소리)와 싫어하는 소리(소음)를 구분할 수 있다. 청각 정보에 집중할 경우에는 주변에 다른 혼란스러운 정보를 사용하지 않는 것이 도움이 된다.

• 늦게 발달하지만 가장 강력한 시각

시각은 뇌로 입력되는 정보 중에서 가장 많이 의존하는 감각이지만 가장 늦게 발달하는 감각이다. 그 이유는 태아기에는 시각 정보가 필요하지 않기 때문이다. 신생아의 시각적 기능은 출생 후 천천히 발달한다.

출생 후 2일부터 동공반사를 확인할 수 있으며, 2주가 지나면 빛의 밝기와 명암을 구별할 수 있다. 아기는 1개월 무렵 눈앞 20~25cm 거리에 있는 물체에 초점을 맞출 수 있다. 3개월 정도 되면 물체의 움직임을 180도 쫓을 수 있다. 시신경의 발달로 4개월에 색을 구분하게 된다. 물체가 이동하면 아기는 따라서 손을 움직인다. 6개월경에는 움직이는 물체에 손을 뻗어 붙잡을 수 있게 된다. 6세 무렵 성인 시력인 1.0 정도 된다. [7]

시각은 물체나 사람을 따라 눈동자가 움직이는 것을 먼저 배우고, 이후에 머리의 움직임이 나타나는 형태로 발달한다. 이것은 시각과 전정감각 그리고 목 주변의 고유수용감각이 통합되어 눈과 머리를 사용해 움직이는 물체를 따라갈 수 있기 때문이다.

뇌가 여러 종류의 감각을 감당할 수 없는 상태에서 감각 자극을 주면 뇌에 예상치 못한 문제가 생길 수 있으며, 과도한 자극은 오히려 해가 된다는 사실을 반드시 기억해야 한다. 내 아기가 정신적, 육체적으로 건강하게 성장하기를 바란다면, 양육자는 아기의 감각 발달에 맞춰 적절한 시기에 적절한 환경 자극을 제공해야 한다.

② 몸의 GPS, 고유수용감각(Proprioception)

고유수용감각은 신체의 근육, 힘줄, 인대, 관절, 내이의 신경말단에 있다. 공간에서 자기 위치, 공간과의 관계, 환경과 주위 사물들의 현재 상태에 대한 정보를 두뇌에 보낸다. 이 감각은 매 순간 자고 있을 때에도 즉각적이고 자동적으로 일어난다.

고유수용감각은 의식적인 인식이 이루어지지 않는 소뇌(cerebellum)로 대부분 입력되고, 일부 의식할 수 있는 대뇌(crerbrum)로 입력된다. 그래서 의식적으로 주의를 기울이지 않으면 근육과 관절에서 느낌을 알기 어렵다. [6]

움직임을 돕는 고유수용감각이 부족하다면 신체는 느리고 어눌하게 움직이며 더 많은 노력이 요구된다. 예를 들어, 손으로 단추를 끼우거나, 용기의 뚜껑을 열고 닫는 것이 어렵거나 기억하기 힘들 것이다. 다리에서는 계단을 이용하거나, 차를 타거나 내려오는 것이 어려울 것이다. 그리고 신체와 주변 환경과의 관계를 잘못 파악하여 부딪치거나 헛디디는 일이 자주 일어날 것이다.

③ 똑바로 세우는 평형감각(Equilibrium)

평형감각은 전정계(Vestibular system)가 관장한다. 평형감각은 중력을 감지하여 몸이 균형 상태에 있는지 아닌지를 느끼게 해 준다. 또한 시각, 고유수용감각과 함께 지속적으로 방향을 설정하고 협력하여 몸을 안정되게 유지해 준다. 자세, 균형, 각성, 집중, 가만히 있기와 같은 일상적 행동에서부터 특별한 운동 기술까지 모든 움직임에 안정성을 제공한다.

④ 힘(Muscle power)

움직임은 근육을 이용하여 몸의 일부 또는 전체를 다른 형태로 바꾸는 것이다. 힘은 두뇌가 원하는 활동을 요구되는 시간 동안, 필요한 횟수만큼 할 수 있어야 하며, 신체의 에너지를 효율적으로 사용하는 것 또한 아주 중요하다. 그러기 위해서는 자발적이고 다양한 움직임을 통하여 근육에 힘(근력), 지구력, 유연성, 민첩성 등을 경험하는 것이 매우 중요하다. 자발적 움직임 경험은 반복을 가능하게 하고, 반복은 근육기억을 통해 움직임을 자동화하여 풍부하고 자유로운 사고를 할 수 있게 한다.

⑤ 협응(Coordination)

신체의 둘 또는 그 이상의 부분을 조화롭게 움직이기 위해서는 정중선(좌-우, 위-아래, 앞-뒤)의 축 역할이 반드시 필요하다(그림2.1). 즉 협응은 3개의 정중선이 발달하여야 가능하며, 출생 이후부터 7~9세 이상까지 발달하는 느린 진행을 보인다. 협응 발달은 대뇌피질(cerebral cortex)의 오른쪽과 왼쪽을 연결하여 정보를 처리·통합하는 과정을 거쳐 사고의 깊이, 유연성, 적응력 등을 결정한다.

(3개월, 오른쪽-왼쪽)　　(4개월, 위-아래)　　(6개월, 앞-뒤)

(그림2.1) **정중선의 발달과 협응**

⑥ 조절(Control)

　조절은 신체를 정확하게 움직이는 능력으로 힘, 속도 그리고 방향을 변화시켜 두뇌가 원하는 목표를 달성하기 위해 계획적이고 정확하게 움직이도록 하는 능력을 말한다. 이것은 신체 능력 안에서 자신의 욕구를 스스로 처리하는 것으로 모든 근육은 조절이 필요하며 특히 생애 초기 모든 학습은 온몸을 이용한다. 움직임 조절에서 시작하여 생각과 생리적 욕구를 조절하고 나아가 학습과 사회에서 잘 지낼 수 있도록 자신감과 긍정적 태도로 발전한다.

10 아기와 움직임 놀이할 때 주의사항

- 아기와 눈 맞춤을 할 수 있는 거리에서 다정한 목소리로 놀이를 시작한다.
- 아기를 부를 때는 애칭보다 이름이 좋다.
- 날마다 시간을 정해서 규칙적으로 집중하여 놀아준다.
- 가능하다면 옷을 벗어 자신의 몸을 만지고, 넓은 공간에서 자유롭게 움직일 수 있게 해 준다.
- 놀이는 엎드린 자세와 바로 누운 자세, 오른쪽과 왼쪽 그리고 편안한 놀이와 힘든 놀이를 번갈아 한다.
- 아기가 놀이를 할 때 중요한 것은 호기심과 재미이다. 지나친 요구는 재미를 떨어뜨리고 발달을 방해하는 요인이 될 수 있다.
- 양육자의 부정적 감정이 아기에게 전달되지 않기 위해 기분이 나쁠 때는 놀아주지 않는 것이 좋다.
- 놀이를 마칠 때 잠시 양육자의 따뜻한 손길로 쓰다듬거나 부드러운 운동으로 이완할 수 있도록 한다.

 # 체크 포인트

7 움직임 놀이의 목적은 무엇인가요?

8 움직임 놀이 시 양육자는 어떤 역할을 하나요?

9 아기는 어떤 감각놀이를 더 좋아하나요?

10 아기를 양육할 때 어떤 점이 가장 신경 쓰이나요?

3장

0~3개월
아기 돌보기

11. 자세의 발달
12. 아기 안기 방법
13. 엎드린 자세 지원
14. 아기 관찰
15. 아기 놀이 지원
16. 생후 10주부터 시작하는 아기 마사지

11 자세의 발달 [10]

① 출산 전 태아의 자궁 속 굴곡 자세(Flexed Posture in uterus)

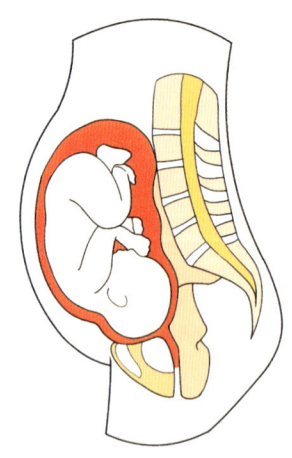

(그림3.1) 태아의 굴곡 자세

좁은 자궁 안 태아의 굴곡 자세는 머리 뒤쪽에서부터 등을 지나 골반까지 근육을 충분히 늘어나게 만들어 출생 후 중력에 적응하는 근육의 활동을 강하게 해 준다. 그리고 몸 안으로 모아진 머리와 팔과 다리는 정중선(midline)을 제공한다. 태아는 굴곡 자세에서 쉽게 손을 입으로 가져가 손을 빨면서 신체 일부인 손을 인식한다. 또한 태아는 굴곡 자세에서는 자궁벽을 손으로 밀면서 어깨, 팔꿈치, 손에 전달되는 자궁벽의 탄력적인 저항을 알게 되고, 몸통 부위에 전달되는 압력을 통해 신체 각 부분의 연결성을 인식하게 된다. 이러한 과정을 통해 태아는 신체 각 부위의 움직임, 지각(perception) 그리고 신체 개념(body concept)의 발달로 들어서는 획기적인 순간을 맞이한다(그림3.1).

태아는 굴곡 자세로 다리가 구부려져 골반은 자연스럽게 뒤쪽으로 기울어지게 된다. 태아의 발차기는 배와 등 주변 근육들을 발달시키고, 불안정한 엉덩관절 주위의 조직과 근육의 발달에 도움을 준다.

출산 전 좁은 자궁은 신체적 안정성을 제공할 뿐만 아니라 엄마로부터 전달되는 움직임과 소리, 냄새와 같은 자극과 자신의 움직임에서 느끼는 자극으로부터 심리적 안정감을 갖는다.

② 출생 후 자궁 속 환경과 크게 다른 점

- **공간** - 좁지만 안정되었던 자궁 안에서 넓고 불안정안 새로운 환경으로
- **중력** - 태아기 양수의 부력(浮力) 환경에서 출생 후 중력(重力) 환경으로
- **감각의 변화** - 호흡, 빛, 소리, 냄새, 온도, 방향, 딱딱한 표면, 옷 입기
- **신경계의 발달** - 무의식적 동작에서 감각·운동으로
- **중심 개념** - 대칭에서 비대칭으로

- **자세** - 태아의 구부린 자세에서 바로 누운 자세, 엎드린 자세 그리고 안겨 있는 자세로
- **영양 공급** - 탯줄에서 입으로

③ 신생아의 생리적 굴곡 자세(Physiological Flexed Posture)

출생 후 여러 가지 새로운 환경 자극은 신생아에게 적응을 요구한다. 이 과정에서 자주 울고 보채는 것은 환경에 적응하고 있는 과정 중 하나이다. 신생아는 반사적 움직임으로 머리와 몸통의 정중선을 유지하기가 어려워 호흡, 빨기, 삼키기 같은 생존을 위해 필수적인 기능을 수행하는데 어려움을 겪게 된다(그림3.2). 그러나 자궁 속에서 오랜 시간 경험한 굴곡 자세는 중력에 거슬러 머리와 몸의 정렬을 맞추어 움직임 발달을 쉽게 할 수 있도록 도와준다.

(그림3.2) 신생아의 생리적 굴곡 자세

④ 생후 1 ~ 2개월 아기

출생 후에 생리적 굴곡 자세는 약 2개월까지 지속된다. 이때 마치 스프링처럼 팔, 다리를 폈을 때 다시 초기 굴곡 자세로 돌아오는 움직임(recoil phenomenon)이 나타난다. 이것은 출생 후 중력에 적응하는 신전근(extensor; 관절을 펴는 근육)의 활동을 억제하여 어느 시기까지 각 부분의 굴곡근(flexor; 관절을 구부리는 근육)과 신전근의 조화로운 발달을 할 수 있도록 하는 기능을 한다. 생후 1~2개월에 아기는 불안정한 머리를 들어 머리와 몸통의 정렬을 맞추어 호흡을 쉽게 하려는 반사적 동작을 통해 움직임을 시작한다.

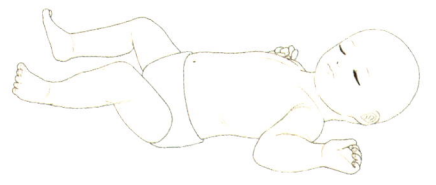 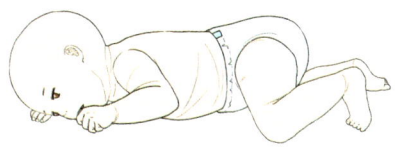

(그림3.3) 1개월, 생리적 굴곡 자세에서 불안정안 머리 들기

생후 1~2개월에 움직임 발달의 시작과 끝은 머리 조절이며, 아기가 손을 빨고자 하는 욕구로 팔의 움직임을 만들고 의도치 않게 다리의 움직임이 발생한다(그림3.3).

⑤ 생후 2~3개월

출생 후 시간이 지남에 따라 아기는 생리적 굴곡 자세가 이완되고, 엎드린 자세에서 팔꿈치 지지를 통해 정중선을 기준으로 머리 조절이 발달한다(그림3.4).

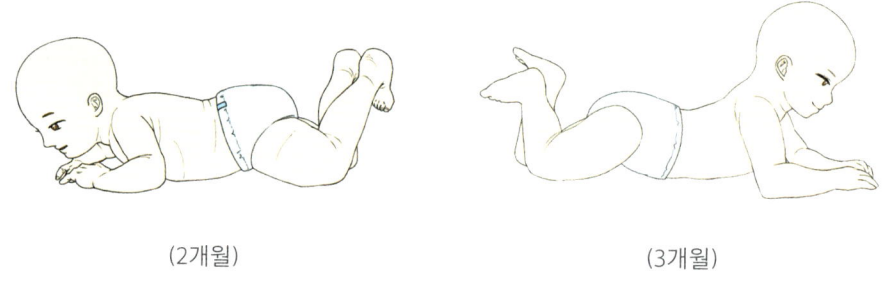

(2개월)   (3개월)

(그림3.4) **생리적 굴곡 자세의 이완과 머리 조절**

생후 2~3개월 아기는 엎드린 자세에서 머리를 들어 시야가 바닥을 향하도록 하면서 목의 근육을 안정시키고, 눈과 손을 정중선에 맞추면서 신체의 좌우를 서로 연결하는 능력을 발달시킨다. 그리고 목 주변의 근육은 신경계와의 섬세한 정보교환을 통해 머리와 몸을 중심으로 몸통과 팔, 몸통과 골반 그리고 다리를 연결하는 움직임이 발달한다.

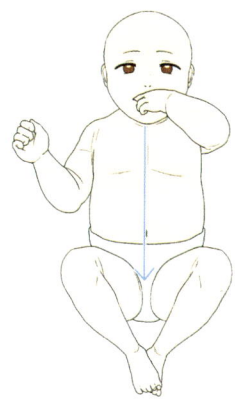

(그림3.5) **3개월, 정중선을 기준으로 좌우대칭**

⑥ 생후 1~2개월에 시작하는 엎드린 자세의 장점 [8]

- 엎드린 자세에서 아기는 생리적 굴곡 자세가 이완되고, 정중선을 따라 머리를 조절하는 능력이 발달한다.
- 바로 누운 자세에서 아기는 머리를 기울여 옆으로 사물을 보게 된다. 그러나 엎드린 자세에서는 신체의 대칭을 이용해 사물을 양쪽 눈으로 초점을 맞추고 볼 수 있어 시각발달에 도움이 된다.
- 엎드린 자세는 목을 안정시켜 얼굴 근육의 움직임 기초를 제공하고, 턱과 눈을 아래로 내리게 하며, 눈과 손의 협응 발달을 돕는다.
- 엎드린 자세에서 움직이면 목과 어깨, 상부 몸통이 안정되고, 골반을 앞으로 기울여 다리 펴기가 쉬워진다.

아기가 엎드려 있으면 상체에 압력이 가해진다. 이때 머리를 움직이려면 신체의 무게중심을 약간 이동해야만 한다. 이러한 사소한 동작을 통해 아기는 상부 척추를 움직일 수 있고 몇 주 만에 머리를 들고 좌우로 움직이게 된다.

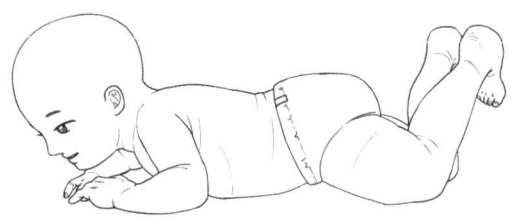

(그림3.6) **2개월, 아기 엎드리기**

 엎드린 상태로 놀면 그다지 운동 같아 보이지 않지만, 상체의 압력으로 호흡 기관이 발달하면서 폐활량이 늘어나고 흉곽의 움직임도 원활해진다. 한편으로는 무언가를 빨고 삼키고 호흡하는 운동까지 되어 나중에 분명하게 말하고 발음하는 데 유용하다(그림3.6).

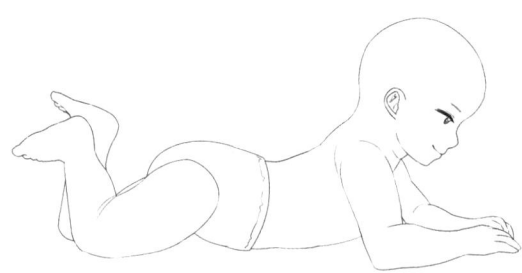

(그림3.7) **3개월, 아기 엎드리기**

 아기는 상체를 일으키고 유지하며, 상체를 내렸다가 올리면서 손과 팔을 통제하기 시작하고 척추에도 힘이 생긴다. 점차 엉덩관절이 안정되고 발달하면서 서거나 걸을 때 체중을 지탱할 수 있게 된다(그림3.7).

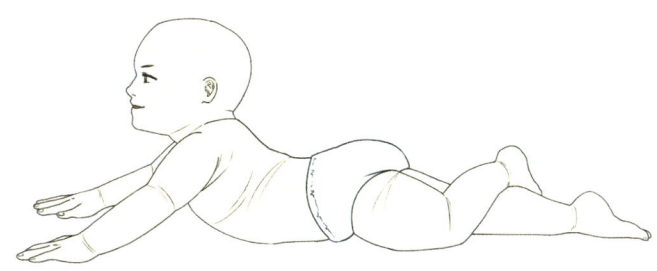

(그림3.8) **4개월, 아기 엎드리기**

 아기는 간단히 엎드려 있는 동작으로 인해 목부터 어깨와 팔까지 아기의 상반신 전체가 발달한다. 아기는 성장하면서 힘과 협응력을 얻고, 조절력의 발달로 손을 뻗어 결국 스스로 원하는 장난감을 손에 넣을 수 있게 된다(그림3.8).

⑦ 중심 개념(Midline Orientation) 발달 과정

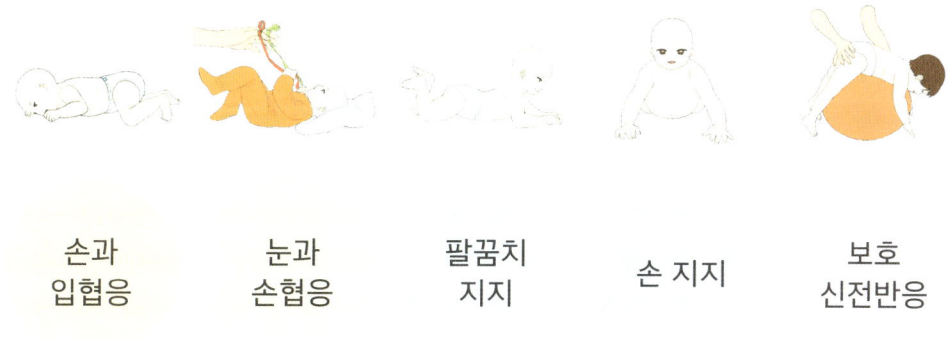

| 손과 입협응 | 눈과 손협응 | 팔꿈치 지지 | 손 지지 | 보호 신전반응 |

(그림3.9) **중심 개념 발달 과정**

중력에 대한 중심 개념의 발달은 초기 발달에 가장 중요하며 그 과정은 다음과 같다. 손이 입으로 들어가는 경험은 눈과 손의 협응에 기초가 되고, 엎드린 자세에서 팔꿈치를 대칭적으로 지지할 수 있다. 그리고 여러 자세에서 균형이 깨졌을 때 자기 보호에 필요한 보호 신전 반응(protective extension reaction)은 손으로 지지하는 자세에서 발달하게 되는 것이다(그림3.9).

12 아기 안기 방법 [12]

① 신체 발달을 지원하는 아기 옆으로 일으켜 안기

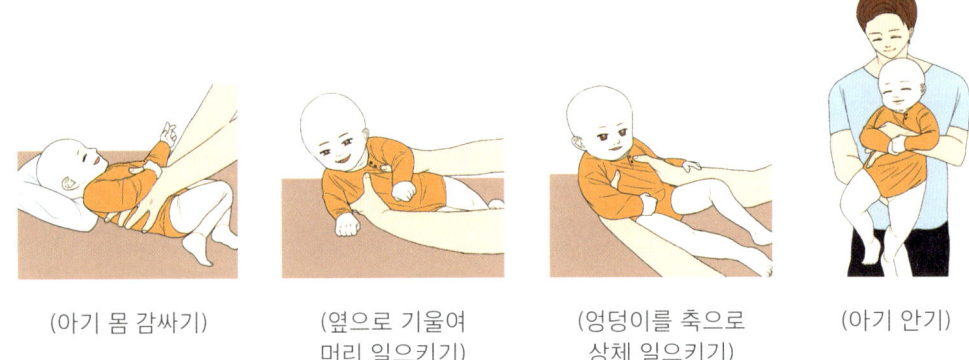

(아기 몸 감싸기)   (옆으로 기울여 머리 일으키기)   (엉덩이를 축으로 상체 일으키기)   (아기 안기)

(그림3.10) **옆으로 일으켜 안기**

양육자는 두 손으로 누워있는 아기의 몸통을 감싸 안는다. 옆으로 기울이면서 머리를 바닥에서 일으키고, 다음으로 팔꿈치나 손이 바닥에 닿도록 몸을 일으킨다. 일으키는 쪽의 엉덩이가 축이 될 수 있도록 상체를 일으킨다. 그리고 아기를 양육자의 몸으로 데려가 안는다(**그림3.10**). 아기를 천천히 옆으로 일으키는 방법은 아기가 머리부터 다리까지 순차적으로 몸을 일으키는 동작에 참여하는 좋은 방법이다.

② 신체 발달을 지원하는 아기 눕히기

아기의 겨드랑이 아래 부위를 양손으로 감싸 안아 옆으로 살짝 기울인다. 발, 무릎, 엉덩이 순서로 바닥에 닿게 한다. 천천히 아기의 목을 가눌 수 있는 시간을 주면서 양육자는 아기를 손, 팔꿈치, 어깨 그리고 머리 순서로 바닥에 닿도록 바로 눕힌다(**그림3.11**).

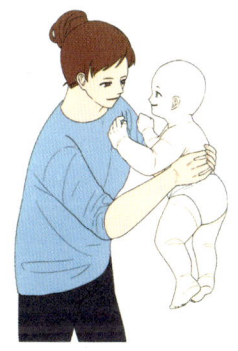
(발 - 무릎 - 엉덩이 순서로 바닥에 닿기)

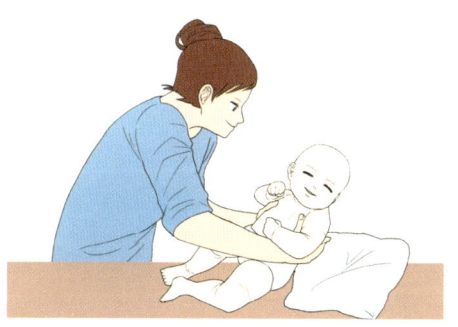
(천천히 목 가누면서 눕히기)

(**그림3.11**) **아기 눕히기**

③ 바로 누운 아기 안기

바닥에 있는 아기 목과 엉덩이를 서로 다른 방향으로 감싸 안는다. 조심스럽게 들어 올린다. 그리고 양육자의 팔꿈치와 몸 안쪽으로 아기를 안는다(**그림3.12**).

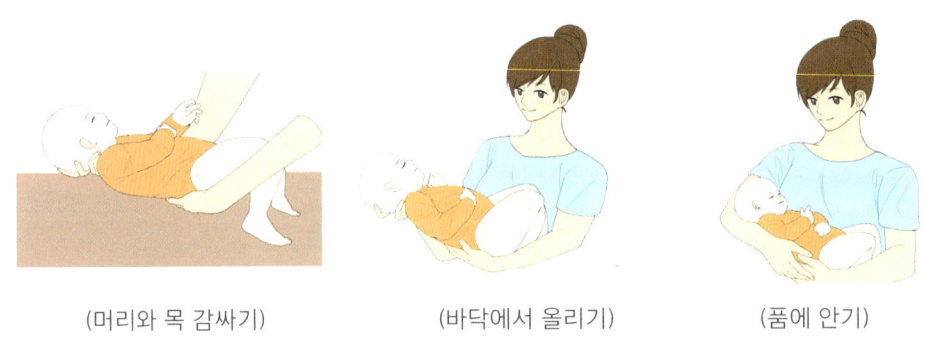

(머리와 목 감싸기)　　(바닥에서 올리기)　　(품에 안기)

(그림3.12) **바로 누운 아기 안기**

④ 엎드려 누운 아기 안기

(머리와 목을 받치고,　　(배와 가슴을 감싸기)　　(품에 편안하게 안기)
다리 사이에 손 넣기)

(그림3.13) **엎드려 누운 아기 안기**

엎드려 있는 아기의 겨드랑이 아래로 손을 넣어 머리와 목을 받치고, 다른 손은 다리 사이로 손을 넣어 배를 감싼다. 머리를 감싸던 손은 가슴까지 내려오고, 다른 손으로 배를 받치며 아기를 들어 올린다. 양육자의 팔과 몸 안으로 아기를 편안하게 안는다(그림3.13).

⑤ **다양한 안기 방법**

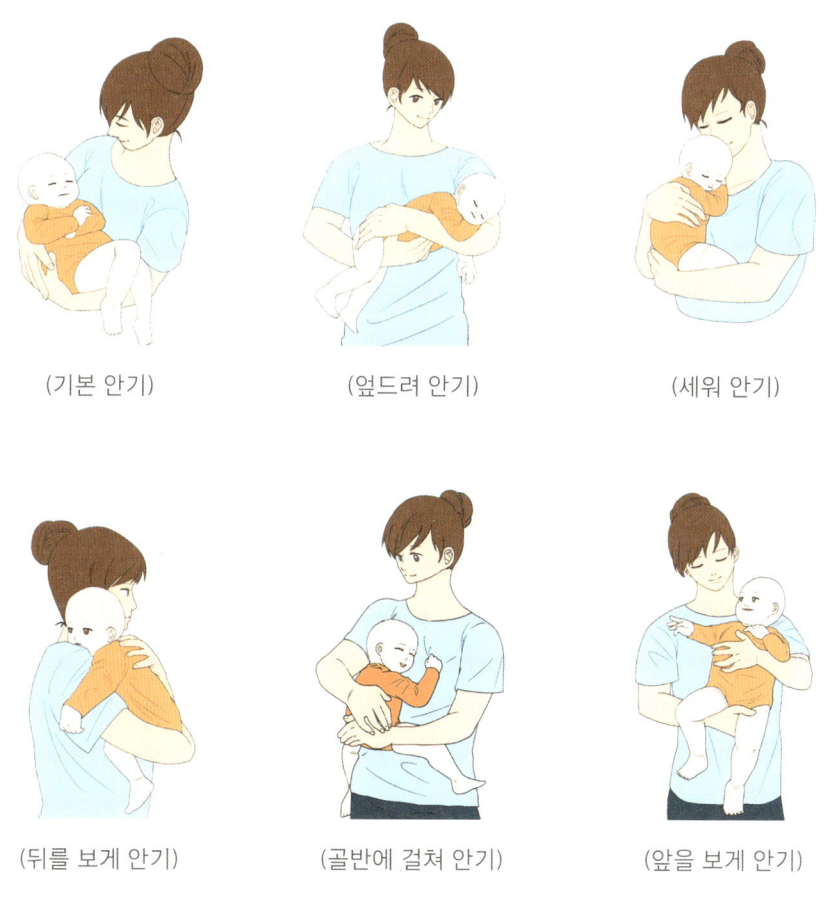

(기본 안기)   (엎드려 안기)   (세워 안기)

(뒤를 보게 안기)   (골반에 걸쳐 안기)   (앞을 보게 안기)

(그림3.14) **다양한 아기 안기**

⑥ 배앓이를 진정시키는 아기 안기

(머리 - 가슴 감싸기)　　(다리 사이에 손 넣어 배 감싸기)　　(배 마사지하기)

(그림3.15) **배앓이를 진정시키는 아기 안기**

　아기가 배앓이를 한다면 아기를 누워있는 상태에서 진정시키기는 어렵다. 이럴 때는 한 손으로 머리부터 가슴까지 받치고, 다른 손으로 아기의 다리 사이로 들어와 배를 받치며 안는다. 배에 있는 손으로 아기 배를 마사지한다. 아기는 양육자의 품에서 넓어진 시야와 흔들림(전정감각) 그리고 쓰다듬을 받아들이면서 진정하게 된다(그림 3.15).

13 엎드린 자세 지원

　생후 3개월경 양육자는 아기를 재우고 먹이는 기본적인 돌봄에도 큰 어려움을 느낀다. 그러나 몇 가지 간단한 원칙만 지켜도 아기가 깨어 있는 짧은 시간 동안에 운동 발달에 큰 도움을 줄 수 있다. 신생아는 엎드려 있는 시간을 짧게는 몇 분부터 생후 3개월에는 하루에 한 시간까지 늘리는 것이 좋다. 서두르지 말고 분 단위로 틈틈이 아기가 엎드려 있도록 하자. 그러면 아기는 스스로 편한 자세를 찾고, 놀이를 즐기게 될 것이다.

① 배와 배를 맞대고

엄마가 베개를 베고 눕거나, 쿠션에 비스듬히 등을 기댄 자세를 만든다. 엄마 배 위에 아기를 엎드려 올려놓아 배와 배를 맞댄 자세를 유지한다. 아기는 엄마의 부드럽고 따뜻한 품에서 머리를 들어 바로 앞에 있는 엄마를 볼 수 있다. 엄마는 아기를 들지 않고서도 편안한 자세(누운 자세)에서 아기와 눈 맞춤을 하며 아기를 돌볼 수 있는 장점이 있다(그림3.16).

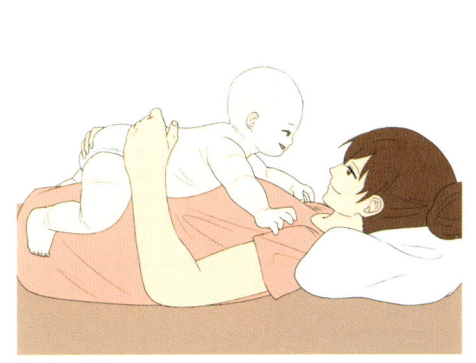 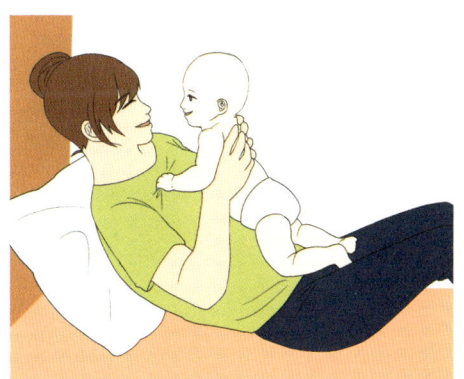

(그림3.16) **배와 배를 맞대고**

② 배를 바닥에 대고

(수건 롤 겨드랑이에 끼우기)   (경사 쿠션 위에 엎드리기)

(엄마 팔 위에 기대어 놀기)   (엎드려 거울 보기)

(그림3.17) 배를 바닥에 대고

 바닥에 배를 대고 엎드린 자세에서 아기는 양육자가 보이지 않아 불안하고, 몸을 편 자세가 불편함을 느끼며 힘들어할지도 모른다. 아기가 태어나 중력을 이기고 다음의 운동 발달을 위해서 엎드린 자세의 유지는 꼭 필요하다. 아기는 엎드린 자세에서 머리의 위치를 스스로 바꾸기 위해 좌우 어깨와 팔꿈치에 체중을 번갈아 실어 가며 온 힘을 다하여 애를 쓴다. 마치 병아리가 되기 위해 알을 깨고 나오듯이 말이다. 태아기 수중생활을 하던 아기에게는 중력을 이기고 움직이는 것이 얼마나 어려운 일인지 모른다. 엎드린 자세의 장점 중 하나는 바닥과 아기의 눈 사이가 가까워 바닥에 있는 물건(장난감)을 더 잘 볼 수 있다. 가까이 있는 물건을 관찰하고 호기심이 생겨 만져보기 위해 손을 가져가려는 움직임의 욕구를 보인다. 장점이 많은 자세이지만 이 자세를 오래 유지하기는 어렵다. 그래서 처음 2~3분 정도에서 시작하여 점차 조금씩 늘여나가는 것이 중요하다. 엎드린 자세를 좀 더 오래 유지하려면, 수건을 말아 만든 롤을 아기의 겨드랑이 아래에 받쳐주기, 경사 쿠션 위에 엎드리기 그리고 양육자의 팔로 아기를 받쳐주어 엎드리기를 한다면 아기는 편안하게 조금 더 유지가 가능할 것이다(그림3.17).

③ 눈 맞춤 하며 아기 앞에 엎드리기

 엎드린 자세에 있는 아기 앞에 양육자가 있다면 아기는 안정감을 얻는다. 아기 앞에 엎드린 양육자와 아기는 편안하게 눈을 맞추고 상호작용하기 좋은 자세가 된다(**그림3.18**). 엎드려 있는 아기를 혼자 두지 않고 함께 하는 것이 중요하다. 그리고 하루 중 아기의 기분과 컨디션이 좋을 때 하는 것이 성공의 지름길이다.

(그림3.18) **눈 맞춤 하며 아기 앞에 엎드리기**

④ 엎드린 자세로 안기

아기를 안아 아기 겨드랑이에 양육자의 한 팔을 넣어 상체를 받쳐준다. 다른 한 팔은 아기 다리 사이에 집어넣어 배를 감싸 하체를 받쳐준다(**그림3.19**). 아기가 바닥에 있지 않으려고 할 때, 이 방법을 이용하면 아기의 욕구와 엎드린 자세 지원 모두를 할 수 있다. 아기는 시야가 넓어지고, 흔들리는 느낌 때문에 양육자의 품에서 편안하게 다양한 감각을 즐길 수 있다.

(그림3.19) 엎드린 자세로 안기

⑤ 다리 위에서 엎드려 놀기

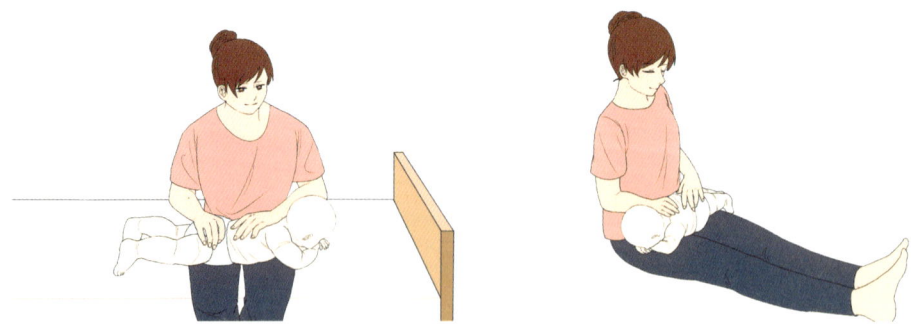

(그림3.20) 다리 위에 엎드려 놀기

아기를 양육자 다리 위에 엎드려 놓는다. 이때 아기 팔이 양육자의 다리 밖으로 나올 수 있게 한다. 자유로운 아기 팔은 움직이거나 장난감을 잡을 수도 있다. 다리 위에 엎드려 놓기 자세는 아기 등 마사지하기 위한 좋은 자세이기도 하다(**그림3.20**).

⑥ 무릎 위에서 아기와 친해지기(트림시키기)

 양육자의 한쪽 허벅지 위에 아기를 엎드리고, 다른 허벅지로 아기 엉덩이와 다리 부위를 받쳐 아기가 떨어지지 않게 한다. 그리고 양육자의 한 손은 아기 등을 감싸고, 다른 손은 아기의 양손을 잡는다. 등에 있는 손으로 아기 등을 쓰다듬으며 아기 트림을 유도하거나 진정시키는데 좋은 자세이다.
아기를 허벅지 위에 앉히고, 양육자의 한 손으로 아기의 몸통 앞부분을 감싸고 다른 손으로 아기 등을 쓰다듬으며 아기 트림을 유도한다(**그림3.21**).

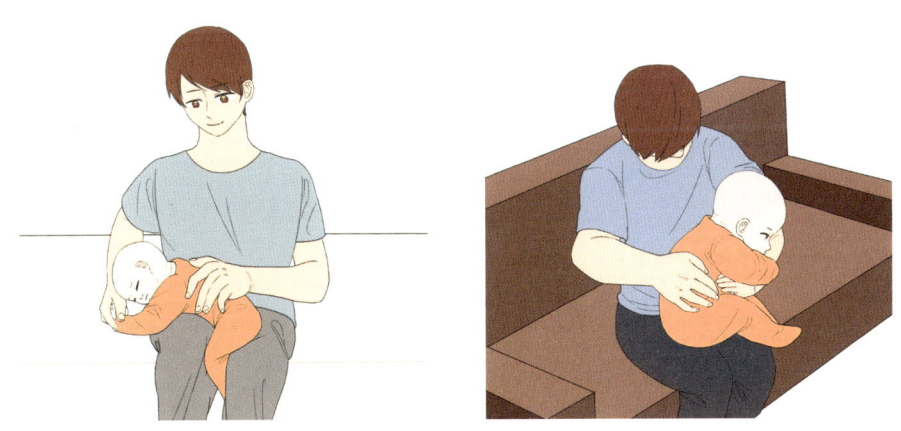

(**그림3.21**) 다양한 트림시키기 자세

14 아기 관찰

* 아기는 하루에 몇 분 정도 엎드려 있나요?
* 아기는 손짓 몸짓으로 어떤 것을 표현하고 있나요?
* 아기는 기분이 좋을 때 어떤 소리를 내나요?
* 아기는 어느 자세에서 놀이를 오래 하나요?
* 아기의 표현을 해석해 보고, 당신의 반응이 아기가 원하는 것인지 계속 관찰해 보세요.

15 아기 놀이 지원

① 모방 놀이

　EBS 아기성장보고서(2015)에 소개된 내용으로 1983년 앤드류 멜조프(Andrew Meltzoff) 연구팀은 간단한 실험을 통하여 생후 72시간이 지나지 않은 아기에게 놀라운 학습능력이 있음을 입증하였다. 그 방법은 다음과 같다. 아기 얼굴에서 25cm의 거리를 유지한 상태에서 20초 동안 4번 천천히 혀를 내미는 것을 보여준다. 그 후 무표정한 상태로 20초 동안 있는다. 이와 같은 방법을 6회 반복한다. 연구결과 자기 얼굴을 한 번도 본 적 없으며, 혀가 있다는 것을 알지 못하는 아기는 다른 사람의 동작을 따라 하였다(그림3.22).

(그림3.22) **모방 놀이**

 모방은 학습 능력의 중요한 부분으로 아기는 태어날 때부터 놀라운 학습능력을 가지고 태어난다. 앨리슨 고프닉(Alison Gopnik)은 아기 학습 능력에 대해 진화적으로 아주 어린 아기도 학습할 수 있도록 유전자에 내재되어 있으며, 일종의 생존을 위하여 주변에서 일어나는 일을 파악할 수 있는 학습 프로그램이 만들어져 있다고 한다. [13]

② 감각 체험 놀이(촉각, 시각, 청각, 움직임)

 인간의 감각은 촉각이 제일 먼저 발달하여 미각, 후각, 청각 그리고 마지막으로 시각 순서로 발달한다. 1개월 아기 시력은 20~25cm 거리로 엄마가 아기를 안고 있으면서 눈 맞춤을 할 거리 정도이다.

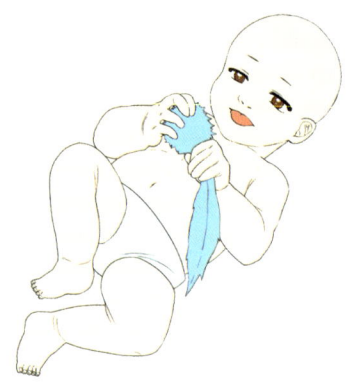

(그림3.23) **부드러운 촉감 놀이**

　누워있는 아기에게 부드러운 촉감 물질을 제공한다. 호기심을 보이는 아기는 자신에게 편안한 자세에서 물질을 잡고 만져본다. 아기는 처음에는 떨어뜨리기도 하지만 점차 한 손으로 잡고 다른 손으로 만지며 새로운 감각과 자신의 신체를 사용하기 시작한다. 그림의 아기는 머리를 가운데 위치한 상태에서 양손을 신체의 가운데로 가져와 새로운 물건을 만지며 좋은 자세를 유지하며 놀이하고 있다(**그림3.23**).

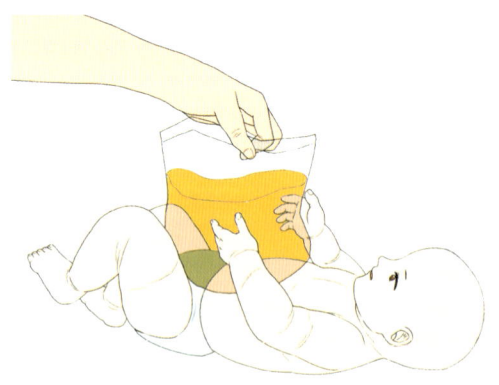

(그림3.24) **봉지 액체 놀이**

아기는 바로 누운 자세에서 비닐봉지에 안에 있는 물(아기가 잘 볼 수 있도록 물감을 약간 섞으면 좋다)을 만진다. 아기 손이 닿는 부분이 들어가며 물이 이동하는 모습을 보고 재미를 느낀다(그림3.24).

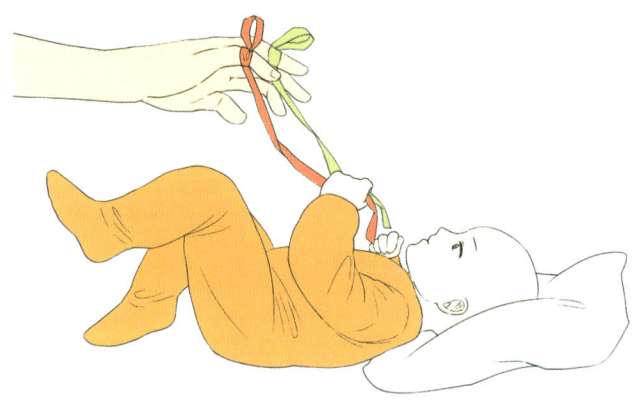

(그림3.25) **손가락 줄 놀이**

양육자 손가락에 색줄을 달아 놀이를 한다. 손가락이 움직일 때마다 다양한 색줄이 춤을 춘다. 아기는 색줄의 움직임을 보고 호기심을 느껴 만져보기 위해 손을 올린다. 여러 번 시도 끝에 드디어 줄을 잡아 자신에게 더 가까이 가져오려고 당긴다. 아기는 움직임 시도와 감각을 느끼며 재미를 알아간다(그림3.25).

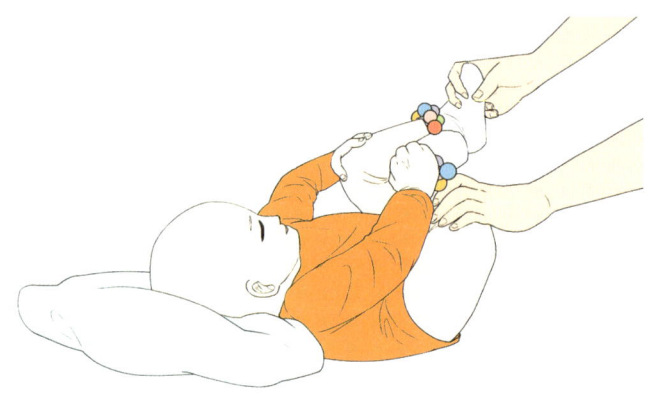

(그림3.26) 양말에 장난감 달아 발 만지기 놀이

아기 양말에 폼폼공 같은 다양한 색깔 공을 달아놓는다. 아기 발을 올려 양말에 있는 공을 보여준다. 아기는 공에 대한 관심으로 손이 발에 가까이 간다. 아기는 자기 발을 만져보는 기회도 갖게 된다(그림3.26).

(그림3.27) 딸랑이 만지기

청각 지원놀이를 위해 소리가 나는 장난감을 흔든다. 아기 손으로 잡을 수 있는 위치에서 방울 장난감을 흔들면 아기는 그것을 보고, 손을 뻗어 만지고, 소리를 들으며 놀이를 한다. 아기가 소리 나는 곳으로 잘 따라오는지 살피면서 놀이를 한다(그림 3.27).

아기 입은 손끝보다도 두 배 더 예민하다. 손에 닿는 물건을 입으로 가져가 물건의 모양, 크기, 질감, 강도 등을 알아간다. 생후 24개월까지는 구강기이므로 손과 입으로 마음껏 관찰하고, 경험해 볼 수 있는 기회를 제공하는 것이 중요하다.

(공 관찰 놀이)   (공 위에 엎드려 놀기)

(그림3.28) **공놀이**

공이라는 새로운 물건에 대해 신체 여러 부위를 이용해 알아가는 경험을 할 수 있다. 누워있는 아기에게 공을 손이나 발의 위치에 가져갔을 때 반응이 어떤지 살펴본다. 아기가 안전한 상태(바로 누운 자세나 안겨 있는 자세)에서 공을 관찰한다. 그리고 손이나 발을 버둥거리며 만지고, 입으로 가져가 맛보며 공에 대한 여러 가지 경험을 한다. 공에 대한 경험을 가진 아기는 공 위에 엎드리는 불안정한 위치에 있을 때에도 경험이 없는 다른 아기보다 좀 더 안정감을 가지게 된다(그림3.28). 공 위에 엎드린 아기 반응은 어떠한가요? 공 위에서 아기가 머리 들기를 잘할 수 있나요?

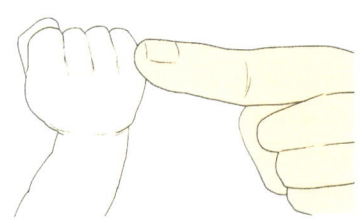 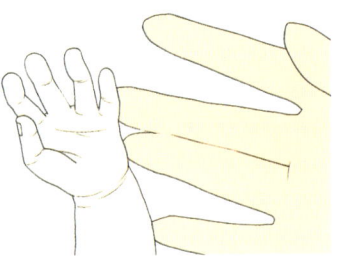

(그림3.29) **꽉 쥔 손 펴기**

③ 꽉 쥔 손 펴기

아기는 손을 꼭 쥐고 있는 경우가 많다. 그래서 양육자의 머리카락이나 옷을 잡아당기고 쉽게 풀지 못하는 경우가 자주 발생한다. 여기서는 아기 손을 자극하여 긴장을 낮추고 유연하게 하는 방법을 소개하려고 한다. 첫 번째로 아기 손 바깥쪽 즉 새끼손가락 옆이나 손등을 쓰다듬어 준다. 그러면 그림 속의 아기처럼 주먹 쥔 손가락을 서서히 펴게 될 것이다(그림3.29). 두 번째로 아기의 꽉 쥔 손가락이나 발가락에 양육자가 입으로 바람을 불어주면, 아기는 바람을 더 잘 느끼기 위해 스스로 손가락을 펴는 모습을 보게 될 것이다.

16 생후 10주부터 시작하는 아기 마사지

성인들은 상상하기조차 어려운 일이지만, 아기는 태어날 때 자신에게 '몸'이 있다는 사실을 알지 못한다. 아기는 무의식적 반사로 자신의 것인지 조차 모르는 손과 팔, 발과 다리, 그리고 몸을 움직인다. 생후 10주 원시 반사가 소멸할 시기에 시작하는 마사지는 아기의 신체 감각을 일깨우면서도 양육자로부터 사랑과 존중의 표현을 받으면서 애착을 쌓을 수 있는 아주 좋은 방법이다.

아기 마사지는 보통 생후 10주부터 기어 다니기 전까지의 시기가 중요하다. 태어나서 10주 전에는 태내와 다른 바깥 환경에 적응하는 시기라서 마사지가 너무 큰 자극이 될 수 있다. 아기가 수유하거나 잘 때는 마사지를 하지 않는 것이 좋다. 생존과 관련된 것이 우선이기 때문이다. 뒤집고 기어 다니기 시작하는 아기는 마사지보다는 뒤집고 기고 환경을 탐색하는 것이 더 중요하다.

마사지가 아기의 중추신경계발달에 영향을 미치는 이유는, 감각을 자극하는 마사지가 뇌와 신경계의 [1] 미엘린(myelin) 형성을 촉진하기 때문이다. 미엘린 형성이 촉진되면 뇌의 정보처리 속도가 빨라진다. 갓 태어난 신생아의 신경세포에는 미엘린이 완전히 감싸져 있지 않다. 피부를 자극하면 미엘린이 빠르게 형성되어 결과적으로 중추신경계 기능이 향상된다.

---

1 **미엘린(myelin)**: 신경세포의 축삭의 겉을 여러 겹으로 싸고 있는 인지질 성분의 막으로 미엘린수초라고도 하는데 전선의 플라스틱 피복과 마찬가지로 신경세포를 둘러싸는 백색 지방질 물질로 뉴런을 통해 전달되는 전기신호가 누출되거나 흩어지지 않게 보호한다. [3]

(그림3.30) **아기 마사지**

① 아기 마사지를 위한 준비

· **준비물**

테두리 쿠션, 아기 몸을 눕힐 정도의 큰 타월 2장 이상, 베이비 천연 오일, 물휴지, 손 세정제, 기저귀, 작은 장난감

· **장소**

모든 마사지는 안전을 위해 바닥에서 이루어지는 것이 좋다. 아기가 마사지에 집중할 수 있도록 쿠션이나 엄마의 다리로 아기의 신체와 바깥 환경 사이에 경계를 만드는 것은 중요하다. 경계가 없을 경우, 머리를 옆으로 돌려 외부로부터 많은 자극이 들어와 눈 맞춤이 어렵고 산만하게 된다(그림3.30). 아기에게 안정감을 느끼게 하는 자세에서 마사지를 한다. 아기는 마사지를 받는 동안 양육자의 눈을 바라보며 서로의 기분을 알아가면서 교감을 나누게 된다. 그리고 아기는 양육자의 접촉을 통해

사랑과 존중을 전달받으며, 편안한 상태에서 양육자와 애착을 쌓아가는 좋은 기회가 될 것이다.

타이밍

수유를 하고 30분 이상 지난 후 배가 든든하고 컨디션이 좋은 오전 시간이나, 낮잠을 자고 나서 각성이 되기 전 상태 또는 밤잠 들기 전이 마사지하기 좋은 시간이다. 그러나 아기마다 상황이 다를 수 있으므로 좋은 시간을 찾아 시도하는 것이 중요하다.

온도

마사지하는 곳의 온도는 아기가 옷을 벗었을 때 따뜻하고 편안함을 느끼는 정도가 되어야 한다. 계절에 따라, 그리고 아기의 체질에 따라 적정 온도는 달라질 수 있다. 옷을 벗었을 때 춥다고 느끼면 아기는 짜증을 내거나 마사지에 집중하기 어려워한다.

자세

마사지를 할 때에는 제공하는 사람도 아기도 편안한 자세에서 시작한다. 그래야 서두르지 않고 이완된 손으로 마사지를 할 수 있다. 마사지를 하는 사람은 손을 깨끗하게 하고, 아기에게 불편함을 줄 수 있는 시계나 반지와 같은 장신구를 모두 빼고 시작한다.

아기 발이 양육자의 다리 위에 올려놓을 수 있을 만큼 가까운 곳에 눕혀야 한다. 가벼운 손 스트레칭으로 긴장을 이완하여 따뜻하고 부드러운 손을 유지하도록 한다. 아기 몸에 손을 댔을 때 차갑거나 딱딱해서 몸을 움츠리는 등의 긴장을 하지 않도록 한다. 마사지는 천천히 하면서 교감하는 것이 중요하다.

- **허락 구하기**

 모든 준비를 마치고 아기에게 신호를 보내면서 마사지는 시작된다. 아기 옷을 벗기면서 말을 건넨다. "마사지할 시간이다" "나의 마사지를 받아줄래?"라고 부드럽고 상냥하게 아기에게 허락을 구한다. 아기는 말뜻은 이해하지 못하지만, 아기가 가만히 있으면 허락으로 받아들인다. 양육자는 마사지 부위에 손을 올려놓고 마사지를 시작한다.

그러나 손을 들어 뿌리치거나, 머리를 좌우로 돌리고, 발을 버둥거리면서 짜증을 낸다면 싫다고 거부하는 표현일 수 있다. 이럴 경우 아기 거부 의사를 존중하는 것이 좋다. 아기는 자신의 의지가 받아들여지는 것을 경험한다면, 다음에 호기심을 가지고 마사지를 받아들일 것이다. 양육자와 아기 간에 의사 표현과 존중은 앞으로 신뢰를 쌓아가는 중요한 상호작용이 될 것이다.

- **손의 압력**

 손동작 하나하나에 편안함을 제공하고, 자극을 느낄 수 있을 만큼 길고 천천히 규칙적으로 하는 것이 좋다. 간지러움을 느낄 정도로 가볍게 하거나, 강한 힘으로 통증을 느끼지 않도록 주의하여야 한다.

② 다리와 발 마사지

 신체 부위 중에서 비교적 덜 예민한 다리와 발 마사지를 제일 먼저 시작한다. 그 이유는 신체의 예민한 부위부터 마사지를 하게 되면 아기는 몸을 긴장하면서 움츠러들 수 있기 때문이다. 발은 심장에서 먼 부위이고, 접촉에 대해 기부반응이 적고, 고통이나 충격에 더 강하며, 더 쉽게 마사지를 받아들일 수 있다. 다리와 발 마사지는 다른 부위에 비해 손길을 받아들이기 쉽고, 편안하게 이완될 수 있다. 편안한 마사지의 시작은 아기가 양육자의 손길에 적응하면서 마사지를 거부감 없이 받아들일 수 있도록 도울 것이다.

다리 마사지 방법은 다음과 같다.

1) 아기 다리 위에 따뜻하고 부드러운 손을 올려놓아 마사지 시작 신호를 보낸다.

2) **다리에서 발목으로 쓸기**: 엄지와 검지를 벌려 'C' 자 모양으로 한 손은 발목을 잡고, 다른 손은 다리를 감싼다. 다리에서 발목까지 위에서 아래로 쓸어준다. 이때 아기 몸이 바닥에서 떨어지지 않도록 주의한다(그림3.31).

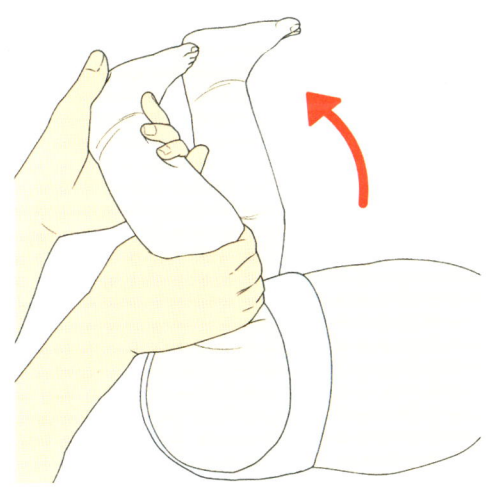

(그림3.31) **다리에서 발목으로 쓸기**

3) **조이고 돌리기**: 양손을 'C' 자 모양으로 다리를 감싼다. 다리에서 살짝 조여 돌리면서 아래로 내려간다. 이때 무릎 관절이 비틀리지 않도록 멈추고 다시 종아리에서 시작하여 발목까지 마사지한다. 조이고 돌리기는 근육의 긴장을 풀기 좋은 방법이지만 관절에는 위험하므로 하지 않는다(그림3.32).

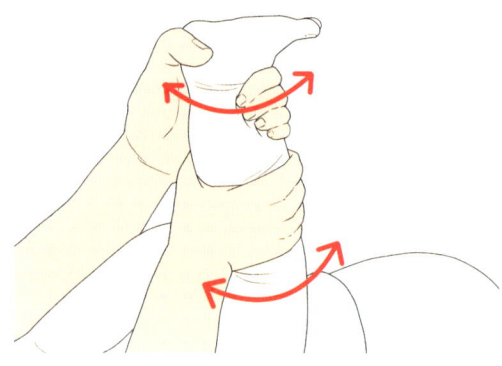

(그림3.32) 조이고 돌리기

4) **엄지로 발바닥 쓸기**: 두 손으로 발목을 고정시킨 상태에서 발꿈치에서 발가락 쪽으로 양쪽 엄지손가락으로 번갈아 가며 쓸어준다(그림3.33).

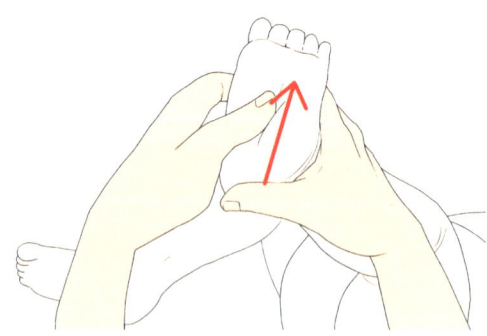

(그림3.33) 엄지로 발바닥 쓸기

5) **발가락 조여 돌리기**: 한 손은 발목을 잡고, 다른 손은 발가락 하나하나를 살짝 조이면서 돌려준다(그림3.34).

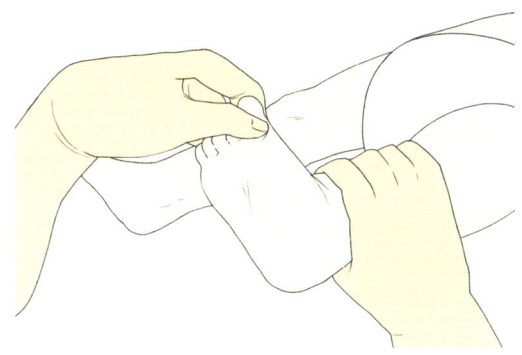

(그림3.34) **발가락 조여 돌리기**

6) **발가락 아래 누르기**: 한 손은 발목을 잡고, 다른 손 검지손가락으로 아기 발가락 바로 아래 부분을 지그시 3초 정도 누르고 천천히 떼어준다. 그다음 발꿈치 아래쪽으로 내려가면서 발바닥을 같은 방법으로 눌러준다(그림3.35).

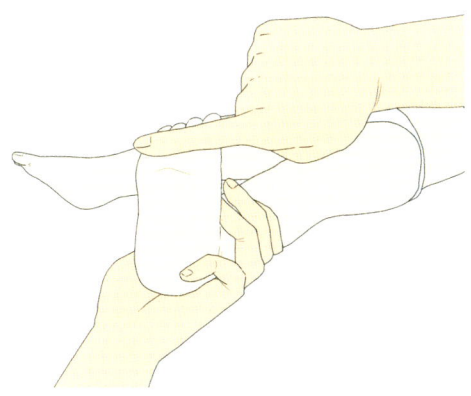

(그림3.35) **발가락 아래 누르기**

7) **엄지로 발바닥 누르기**: 양쪽 엄지손가락을 교대로 아기 발바닥을 발꿈치에서 발가락 쪽으로 천천히 반복하여 눌러준다(그림3.36).

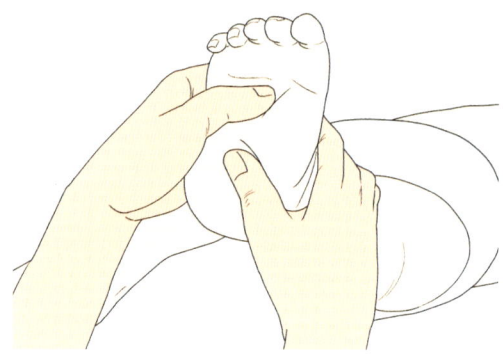

(그림3.36) **엄지로 발바닥 누르기**

8) **엄지로 발등 쓸기**: 아기 뒤꿈치를 양 검지와 중지로 지지한 다음, 양쪽 엄지손가락을 교대로 아기 발등을 발가락에서 발목 쪽으로 쓸어준다(그림3.37).

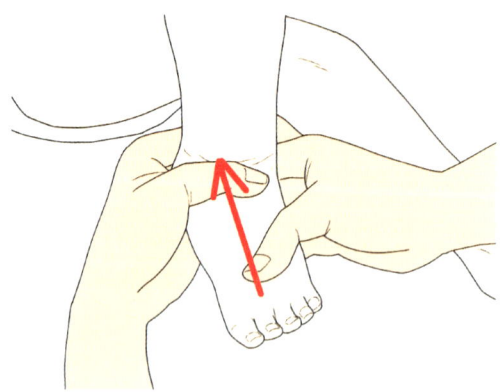

(그림3.37) **엄지로 발등 쓸기**

9) **발목에 작은 원 그리기**: 엄지로 아기 발목에 작은 원을 그리듯 마사지한다. 돌려주는 것은 두 엄지로 동시에 하는 방법과 한 엄지로 마시지 한 후에 나머지 부위를 마사지하는 방법이 있다(그림3.38).

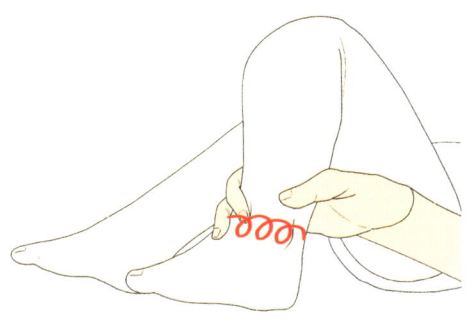

(그림3.38) **발목에 작은 원 그리기**

10) **발목에서 다리로 쓸기**: 한 손으로 발목을 잡고, 다른 손은 'C' 자 모양으로 아기 발목부터 다리까지 위로 쓸어준다(그림3.39).

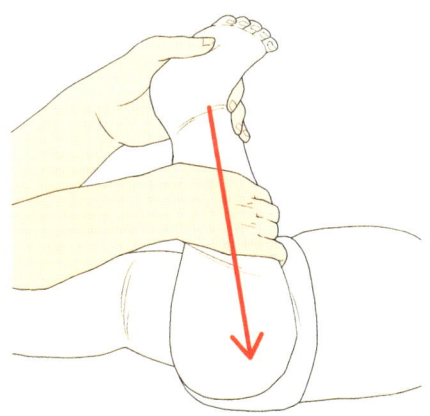

(그림3.39) **발목에서 엉덩이로 쓸기**

11) **흔들며 돌리기**: 두 손바닥으로 다리에서 점차 발목 쪽으로 흔들 듯 돌리면서 내려온다. 이때 손바닥으로 아기 다리 전체를 만져주는 것이 중요하다. 이때 아기 등이 바닥에서 떨어지지 않도록 주의한다(그림3.40).

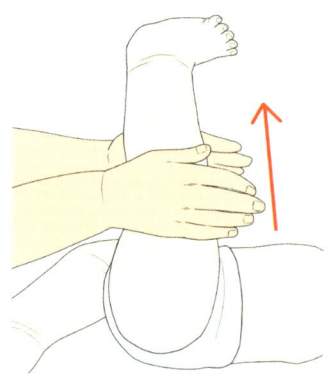

(그림3.40) 흔들며 돌리기

12) **마무리 통합 쓸기**: 양쪽 다리를 마사지한 후에, 두 손으로 엉덩이에서 발끝까지 쓸어내린다. 이것은 다리와 몸통을 통합하는 동작으로 다리 마사지의 마지막임을 알려줌과 동시에 상체 마사지를 시작하겠다는 신호이기도 하다(그림3.41).

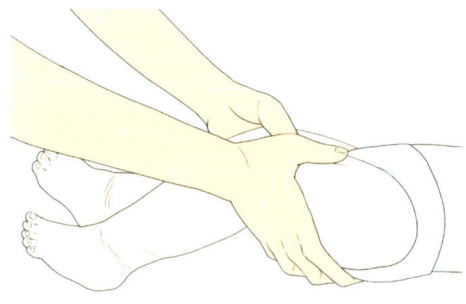

(그림3.41) 마무리 통합 쓸기

③ 배 마사지

배 마사지는 갈비뼈 아래에 있는 대장으로 가스와 장내 노폐물을 이동시켜 배앓이나 변비 예방과 같은 생리적 기능을 원활하도록 돕는 것을 목표로 한다. 양육자는 이완된 손을 아기 배 위에 올려놓는 것으로 배 마사지를 시작한다. 꼭 주의할 사항은 갈비뼈로 손이 올라가지 않도록 하는 것이다.

1) 양손을 갈비뼈 아래 배 위에 따뜻하고 부드러운 손을 올려놓아 마사지의 시작을 알린다.
2) **물레방아 돌리기 1**: 배 위에 있는 두 손을 물레방아 물이 흐르듯 교대로 아기 명치 아래에서 배꼽 방향으로 쓸어내린다. 이때 손끝이 아니라 손바닥 전체로 쓸어내려야 한다(그림3.42).

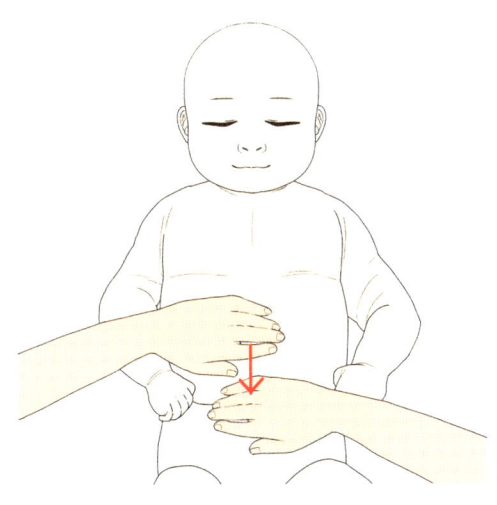

(그림3.42) **물레방아 돌리기 1**

3) **물레방아 돌리기 2**: 한 손은 두 발목을 잡고 위로 올리고, 다른 손은 그대로 물레방아 물이 흐르듯 위에서 아래로 쓸어내린다. 두 발을 올리면 배 안에 찼던 가스가 분출하기 쉬워진다(그림3.43).

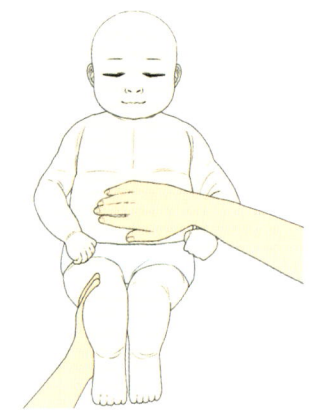

(그림3.43) 물레방아 돌리기 2

4) **배꼽 양옆으로 쓸기**: 네 손가락으로 양쪽 엉덩이를 감싸고, 곧게 펴진 엄지손가락 전체를 이용하여 배꼽 옆에서 시작하여 바깥쪽으로 일직선이 되도록 쓸어준다. 이 방법은 배 밑에 있는 근육을 펴주게 된다(그림3.44).

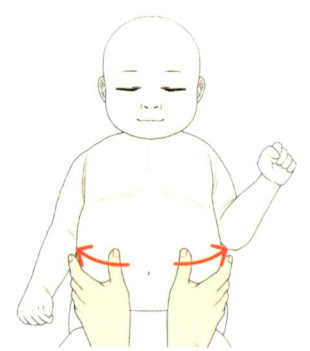

(그림3.44) 배꼽 양옆으로 쓸기

5) **해와 달 그리기**: 해에 해당하는 마사지는 배꼽을 중심으로 손바닥을 원 그리듯 쓰다듬고, 다른 한 손은 해 주변을 오른쪽에서 왼쪽으로 반달 모양으로 쓰다듬는다. 해가 뜨고 그다음 달이 뜨듯이 번갈아 가며 마사지한다(그림3.45).

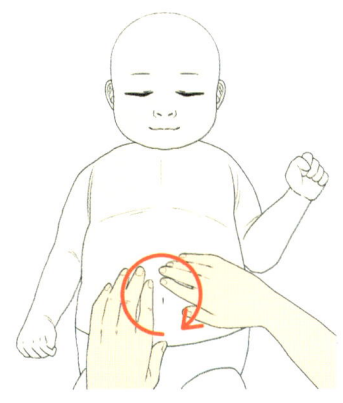

(그림3.45) **해와 달 그리기**

6) 'I Love U' 그리기: 오른쪽 골반 위에 한 손을 대고, 다른 손은 왼쪽 하복부 끝(배설기관인 직장이 있는 곳)에서 'I' 글자를 쓰듯이 위에서 아래로 쓸어내린다(그림 3.46).

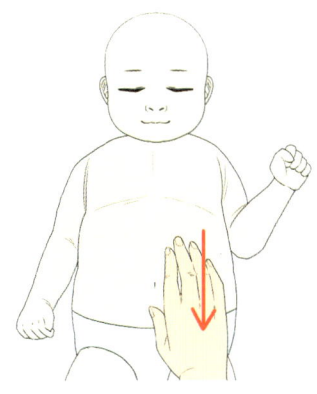

(그림3.46) 'I' **그리기**

'L' 글자를 거꾸로 쓰듯 배의 옆(오른쪽에서 왼쪽)으로 그리고 아래로 쓸어내린다(그림3.47).

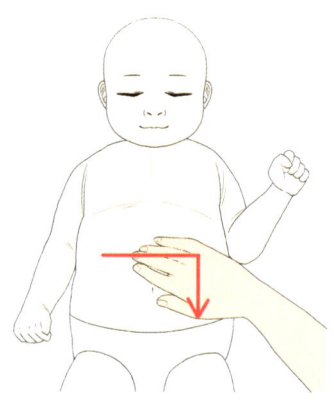

(그림3.47) 거꾸로 'L' 그리기

'U' 글자를 쓰듯 배의 오른쪽 아래에서 시작하여 거꾸로 'U'를 쓰며 왼쪽 직장 아래로 쓸어내린다. "나는 너를 사랑해."라고 말해주면서 마사지한다(그림3.48).

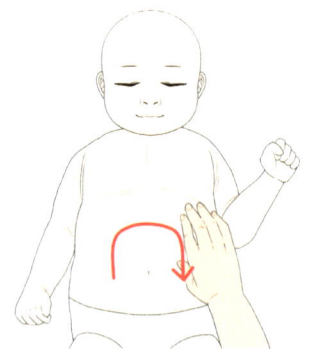

(그림3.48) 거꾸로 'U' 그리기

7) **손가락 산책**: 오른쪽 골반에 한 손을 대고, 배 위에 다른 손바닥을 얹어 손가락을 걸어가듯 조금씩 오른쪽에서 왼쪽으로 움직인다. 이것은 배에 가스 찬 경우 도움 된다(그림3.49).

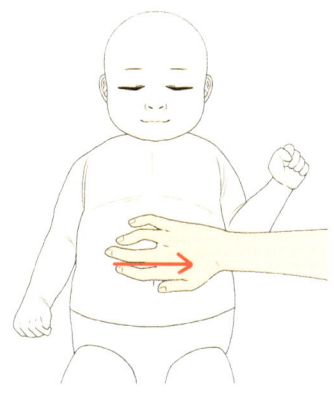

(그림3.49) **손가락 산책**

④ 가슴 마사지

가슴 마사지는 폐와 심장의 기능을 원활하게 하는 효과가 있다. 갈비뼈 부분을 마사지하게 된다. 따뜻하고 부드러운 두 손을 가슴에 올려놓지만 누르는 압력은 숨 쉬는 데 지장 없도록 해야 한다. 아이마다 상황이 다르기 때문에, 두 손을 가슴에 모으고 있거나 작은 아기일 땐 엄마는 두 손가락으로 마사지할 수도 있다.

1) 따뜻하고 부드러운 두 손을 가슴에 올려 시작을 알린다.
2) **하트 그리기**: 두 손을 붙여 아기 가슴 한가운데에 놓고 책을 펼치듯 바깥으로 쓸어내리다가 하트를 그리듯이 아래로 둥글게 쓸어내린다. 이때 손이 아기의 몸에서 떨어지지 않게 한다(그림3.50).

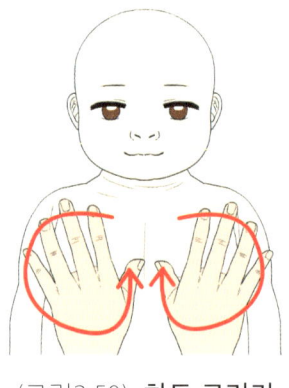

(그림3.50) **하트 그리기**

3) **나비 마사지**: 아기 가슴에 양손을 올린다. 왼쪽 가슴에서 오른쪽 어깨까지 대각선 방향으로 쓸어 올린다. 그다음 오른쪽 어깨에서 왼쪽 가슴으로 가볍게 쓸며 내려온다. 오른쪽 가슴에서도 같은 방법으로 교대로 반복한다(그림3.51).

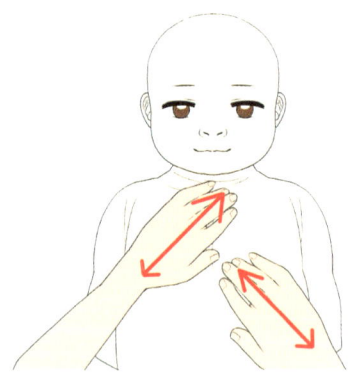

(그림3.51) **나비 마사지**

4) 통합하기 위해 어깨부터 배와 다리를 지나 발까지 쓸어준다.

⑤ **팔 마사지**

1) 따뜻하고 부드러운 손을 아기 팔에 올려놓아 마사지 시작 신호를 알린다.

2) **겨드랑이 쓸기**: 한 손으로 아기 손목을 잡고, 다른 손으로 겨드랑이를 3~4회 쓸면서 이 부위에 있는 임파선을 마사지한다(그림3.52).

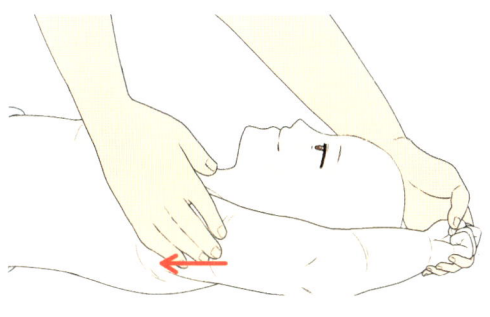

(그림3.52) 겨드랑이 쓸기

3) **어깨에서 손목으로 쓸기**: 아기 손목을 잡고, 다른 손은 엄지와 검지를 벌려 'C'자 모양으로 아기 어깨에서 손목까지 쓸어내린다. 이때 팔을 너무 세게 잡아당겨 바닥에서 아기 어깨가 들리지 않도록 한다(그림3.53).

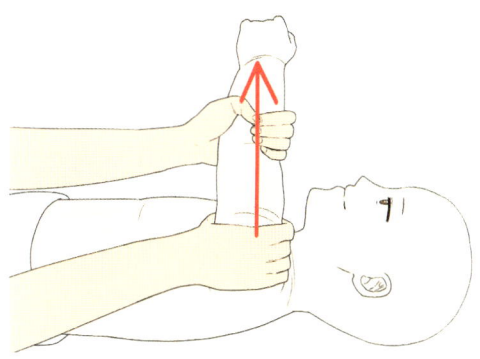

(그림3.53) 어깨에서 손목으로 쓸기

4) **조이고 돌리기**: 엄지와 검지를 벌려 'C' 자 모양으로 두 손으로 아기의 팔을 잡아 살짝 조여 돌리면서 내려간다. 이때 아기 팔꿈치 관절이 비틀리지 않도록 멈추었다가 다시 손목 쪽으로 내려간다. 이 방법은 근육의 긴장을 풀기 좋은 방법이지만 관절은 위험하므로 하지 않는다(그림3.54).

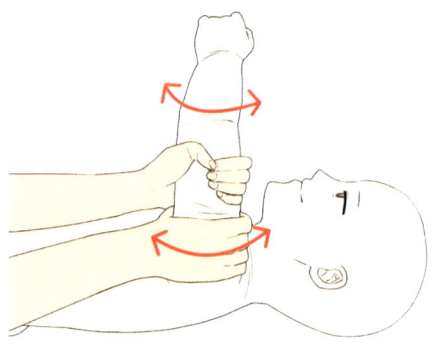

(그림3.54) 조이고 돌리기

5) **손가락 조여 돌리기**: 한 손으로 아기 손목을 잡고, 다른 손가락으로 아기 손을 편 다음, 엄지와 검지로 아기 손가락을 잡고 살살 돌리듯이 마사지한다(그림3.55).

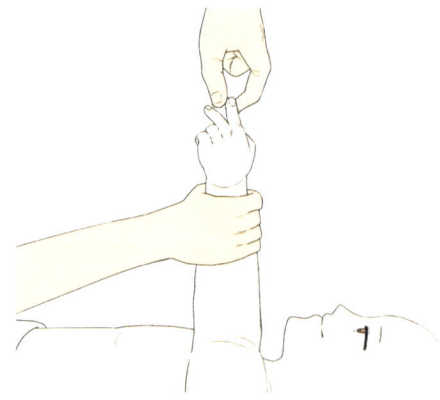

(그림3.55) 손가락 조여 돌리기

6) **손등 쓸기**: 아기 손등 위에서 아래로 쓸어내린다(그림3.56).

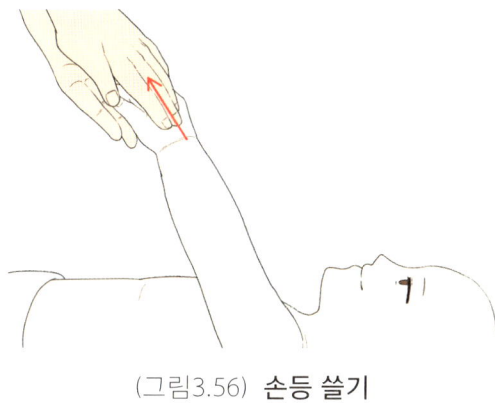

(그림3.56) 손등 쓸기

7) **손목에 작은 원 그리기**: 작은 원을 그리듯이 손목 전체를 마사지해 준다(그림3.57).

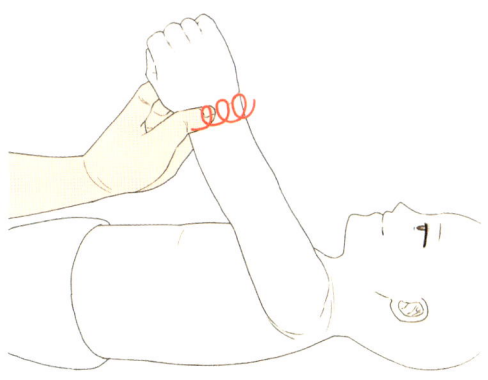

(그림3.57) 손목에 작은 원 그리기

8) **손목에서 어깨로 쓸기**: 한 손으로 아기 손목을 잡고, 다른 손은 'C' 자 모양으로 아기 팔을 감싸듯 잡는다. 아기 손목에서 어깨까지 위로 쓸어준다(그림3.58).

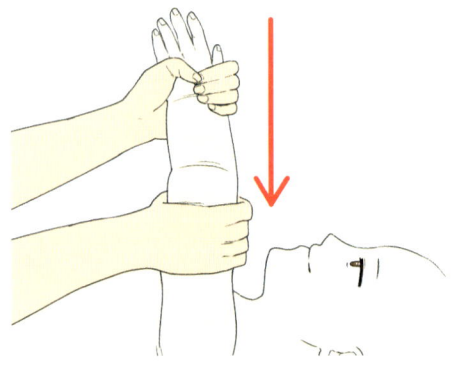

(그림3.58) 손목에서 어깨로 쓸기

9) **흔들며 돌리기**: 두 손바닥으로 아기 어깨에서 손목까지 흔들 듯이 살짝 돌리면서 내려온다(그림3.59).

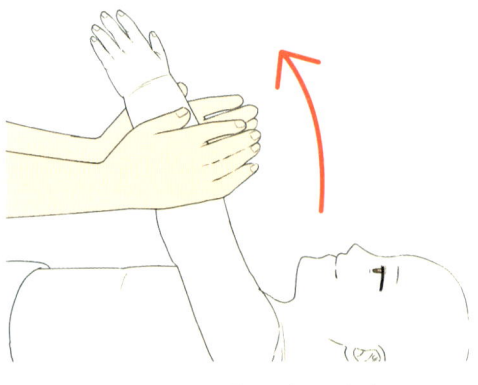

(그림3.59) 흔들며 돌리기

10) 아기 어깨에서 가슴, 배, 다리, 발까지 온몸을 한 번 쓸어내리며 통합 마무리를 한다.

⑥ 등 마사지

 등 마사지를 하기 위해 아기를 바닥에 반듯하고 편안하게 눕히는 것은 쉬운 일이 아니다. 왜냐하면 아기가 고개를 들어 돌리려는 시도를 하거나, 반사로 인하여 발이 바닥에 닿아 걸으려는 움직임이 일어나기 때문이다. 다리 위에 엎드려 놓기 자세(그림3.20)나 트림시키기 자세(그림3.21)에서 등 마사지를 시작한다. 이 자세는 양육자와 접촉이 많이 일어나 아기에게 안정감을 제공하기 때문이다. 그래서 등 마사지는 다른 부위의 마사지 보다 좀 더 단순하게 한다.

 1) 따뜻하고 부드러운 손을 아기 등에 올려놓아 마사지 시작 신호를 보낸다.
 2) **좌우로 번갈아 쓸기**: 아기 등과 직각이 되게 양 손바닥을 등에 올린다. 어깨 부분에서 엉덩이까지 양손을 교차하며 옆구리까지 쓸어준다. 다시 엉덩이에서 어깨까지 교차하여 쓸어 올려주기를 반복한다(그림3.60).

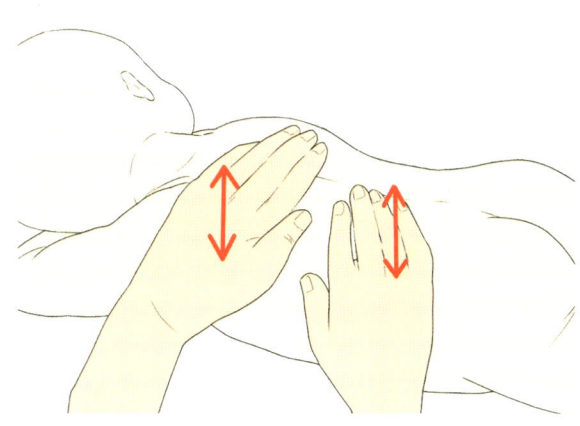

(그림3.60) **손목에 작은 원 그리기**

3) **어깨에서 엉덩이로 쓸기**: 한 손은 엉덩이에 올려 고정시키고, 다른 손은 어깨에서부터 엉덩이 쪽으로 쓸어준다. 이때 아기 등에서 손이 떨어지지 않도록 한다(그림 3.61).

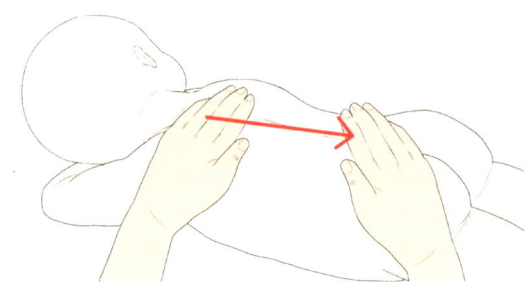

(그림3.61) 어깨에서 엉덩이로 쓸기

4) **등에서 발목으로 쓸기**: 한 손으로 두 발을 잡고 다른 손으로 등부터 발까지 쓸어내린다. 마사지 중 제일 큰 동작이다. 이때 아기 등에서 손이 떨어지지 않도록 한다 (그림3.62).

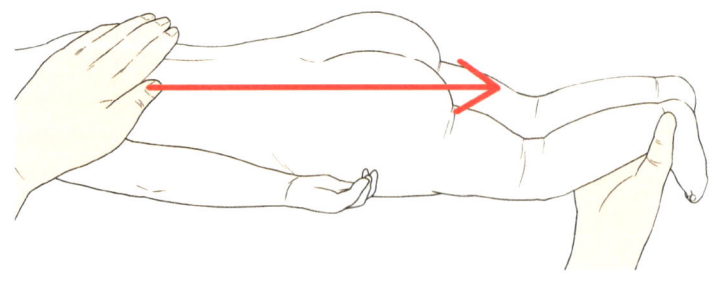

(그림3.62) 등에서 발목으로 쓸기

5) **등에 작은 원 그리기**: 양 손가락으로 엉덩이부터 어깨까지 등 전체를 작은 원을 그리며 마사지해 준다. 최대한 두 손이 같은 높이와 크기로 움직이도록 한다. 아기가 성장함에 따라 손가락으로 아기 등 근육이 발달하는 것을 느낄 수 있을 것이다(그림 3.63).

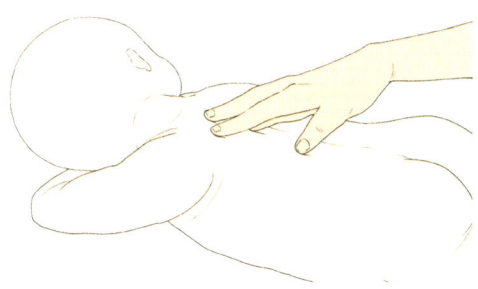

(그림3.63) **등에 작은 원 그리기**

6) **손가락 빗질하기**: 통합과 이완을 위해 부드럽게 손가락을 벌려 빗질하듯이 어깨에서 엉덩이까지 쓸어내린다. 처음에는 약간 힘을 주었다가 점차 힘을 빼고 마지막에는 새털처럼 가볍게 쓸어준다(그림3.64).

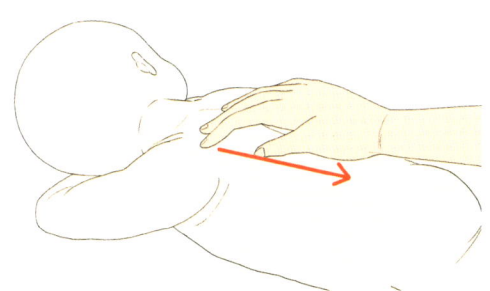

(그림3.64) **손가락 빗질하기**

등 마사지는 항상 천천히 시행하고 다 끝나면 조용한 상태를 만들어 준다. 마사지가 다 끝나면 양육자와 아기가 서로 이 시간을 편안하게 느끼도록 아기에서 이불이나 수건을 덮어주고 이 시간을 즐기게 한다. 대부분 아기는 잠이 들고 조용히 머문다.

⑦ 얼굴 마사지

얼굴 마사지에는 오일을 사용하지 않는다. 불필요한 자극이나 냄새 그리고 불쾌감을 줄 수 있기 때문이다. 얼굴 마사지 할 때 아기는 엄마의 산도를 나올 때의 고통스러운 기억을 떠올리게 하여 발작적 울음을 터뜨릴 수 있음을 유념하여야 한다. 또한 아기 머리는 계속 발달하는 과정이기 때문에 매우 주의를 기울여야 한다.

아기에게 마사지하기 전에 우선 양육자 자신의 얼굴에 마사지를 하여 느낌을 기억한 후 아기 마사지 시도하는 것이 좋다. 아기가 얼굴 접촉을 좋아하는 경우 안정적인 얼굴 마사지를 위해 머리 전체를 감싸고, 싫어하는 경우 접촉을 최소화하도록 한다. 아기 눈을 바라보고 귀를 기울이며 좋아하는지 싫어하는지 아기 신호를 주의 깊게 관찰해야 한다.

1) **이마 쓸기**: 손가락을 펴서 이마 중간에 양손을 놓고 책을 펼치듯 양쪽 얼굴 옆으로 쓸어내린다. 이때 아기 눈을 가리거나 콧구멍을 막지 않도록 한다(그림3.65).

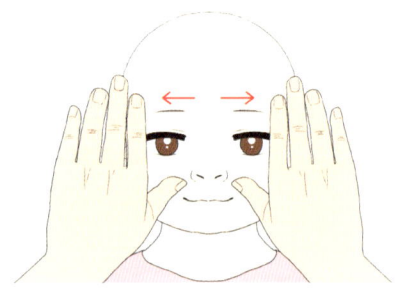

(그림3.65) 이마 쓸기

2) **눈썹 쓸기**: 눈썹은 반사점이 많은 예민한 부위이다. 두 손으로 얼굴이나 머리를 감싸고 엄지손가락으로 눈썹 가운데에서 바깥으로 가볍게 쓸어준다(그림3.66).

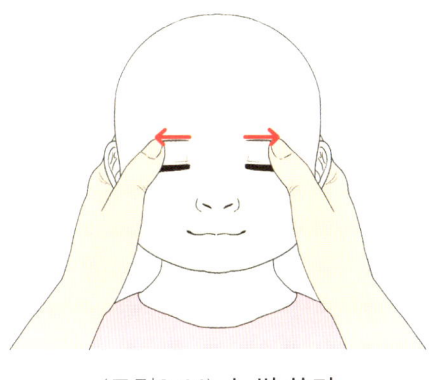

(그림3.66) **눈썹 쓸기**

3) **콧대 쓸기**: 두 손으로 얼굴을 감싸고 엄지손가락으로 눈 사이에 있는 코 시작점에서 아래에 있는 광대뼈까지 쓸어내린다(그림3.67).

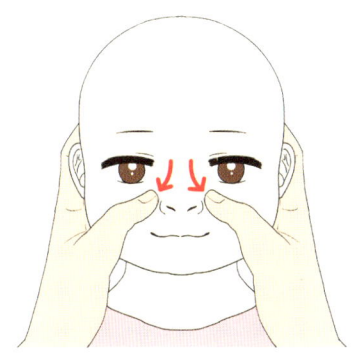

(그림3.67) **콧대 쓸기**

4) **윗입술 그리기**: 윗입술 윗부분을 그림 그리듯이 웃는 얼굴을 그려준다. 이때 젖을 주는 것인지 구분이 안 될 수 있으므로 입술 부분 마사지 시 정확한 압력이 들어가야 한다(그림3.68).

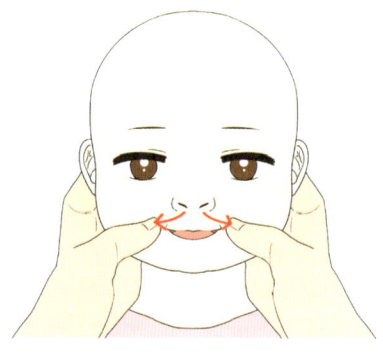

(그림3.68) 윗입술 그리기

5) **아랫입술 그리기**: 아랫입술 아랫부분도 그림 그리듯 웃는 얼굴로 그려준다(그림3.69).

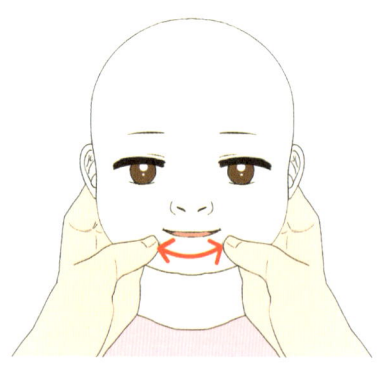

(그림3.69) 윗입술 그리기

6) **턱선에 작은 원 그리기**: 중지와 검지로 귀 아래턱 시작 부분에서 작은 원을 그리며 턱 주위를 마사지해 준다. 젖을 빨 때 사용되는 저작근의 긴장을 이완해 주는 효과가 있다(그림3.70).

(그림3.70) 턱선에 작은 원 그리기

7) **귀 뒤로 하트 그리기**: 양 손가락으로 귀 뒤로 해서 볼을 따라 아래턱까지 반 하트 모양을 그리듯 마사지해준다(그림3.71).

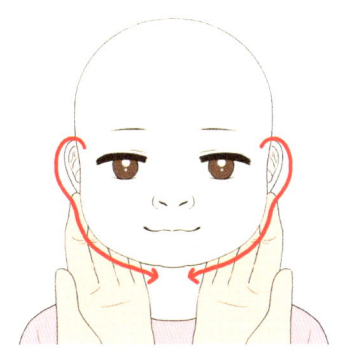

(그림3.71) 귀 뒤로 하트 그리기

 # 체크 포인트

11 중력에 무력한 비대칭 굴곡 자세에서 중력을 이기는 대칭 신전 자세의 발달을 자세히 관찰해 보세요.

12 아기는 어떻게 안아줄 때 가장 좋아하나요?

13 아기는 여러 엎드린 자세 중에서 어떤 자세를 편안하게 느끼나요?

14 지금 아기는 몸으로 무엇을 표현하고 있나요?

15 아기와 모방 놀이를 해보셨나요? 아기 반응은 어떠했나요?

16 아기에게 마사지를 하면서 양육자의 안정된 밝은 음성을 들려주세요. 노래라면 더 좋습니다. 양육자의 음성을 들은 아기 반응은 어떻게 달라지나요?

4장

4~6개월
방바닥에서 놀자

17. 자세의 발달
18. 몸을 가지고 놀기
19. 아기 관찰
20. 아기 놀이 지원
21. 부드러운 아기 체조

17 자세의 발달 [10]

(그림4.1) **4개월, 팔과 다리의 움직임**

    4개월경 아기는 머리의 움직임이 가벼워지고 동시에 손과 팔은 여러 방향으로 활발하게 움직일 수 있다. 시각과 손의 발달로 사물과의 거리 조절과 손 기능이 좋아진다. 다리는 아직 골반과의 연결과 조절이 부족하여 팔과 함께 움직인다(그림4.1).

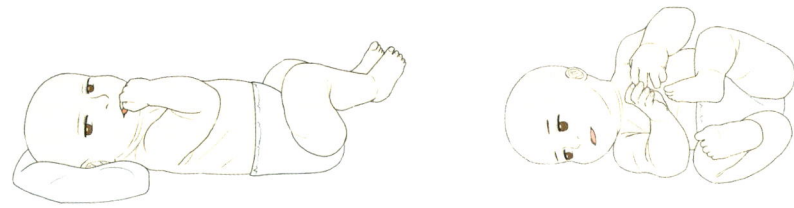

(그림4.2) **4개월, 통 구르기**

4개월경 아기는 양쪽 다리를 구부린 후에 시선을 따라 몸이 돌아가는 통 구르기를 시작한다(그림4.2). 점차 한쪽 다리를 펴고 다른 다리를 구부려 넘어가는 분화된 구르기로 발달하게 된다. 이 동작은 간단해 보이지만 정중선을 기준으로 머리와 몸통 그리고 팔과 다리에서 분절적 회전 동작의 발달을 보이는 중요한 움직임이다(그림4.3).

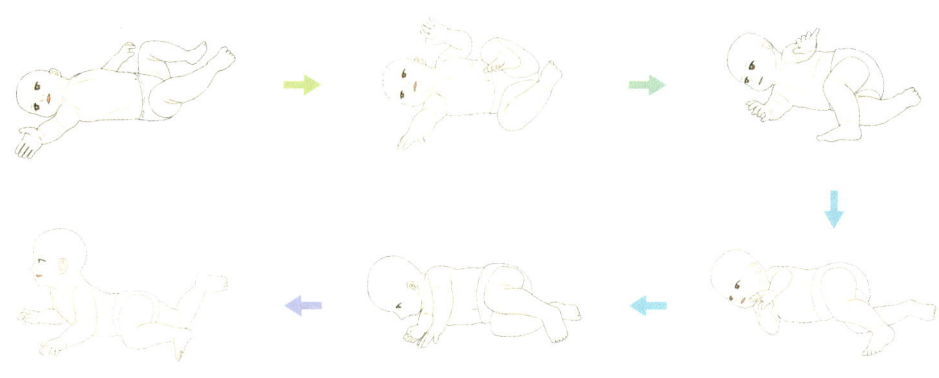

(그림4.3) **5~7개월, 분화된 구르기**

4~6개월경 아기는 사물을 볼 수 있는 시야가 넓어지고 욕구가 증가함에 따라 여러 방향으로 움직임이 증가한다. 체중이동과 회전 동작은 엎드린 자세에서 손바닥을 축으로 다양한 자세를 경험하며 발달한다(그림4.4).

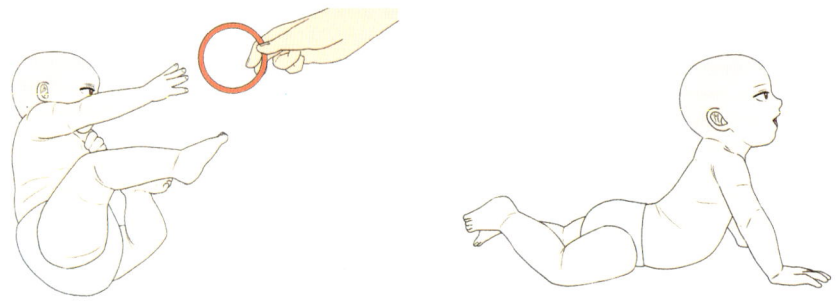

(그림4.4) 운동 방향의 증가와 높고 넓은 시야 확보

손바닥으로 지지하는 동작은 시야가 넓어져 아기가 다양하게 움직일 수 있는 호기심을 제공한다. 그리고 앉고, 서고, 걷기 전에 체중을 지지하는 신체 부위에 대해 심리적 안정성을 제공한다(그림4.5).

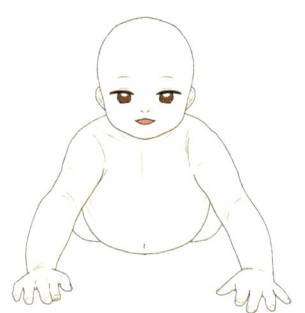

(그림4.5) 6개월, 엎드린 자세에서 손으로 자세 유지하기

신체의 3개의 정중선(좌-우, 위-아래, 앞-뒤)을 축으로 스스로 움직임을 만들어 낼 수 있다. 눈-입-손-발의 협응은 신체 도식(body scheme)의 발달을 의미한다(그림4.6).

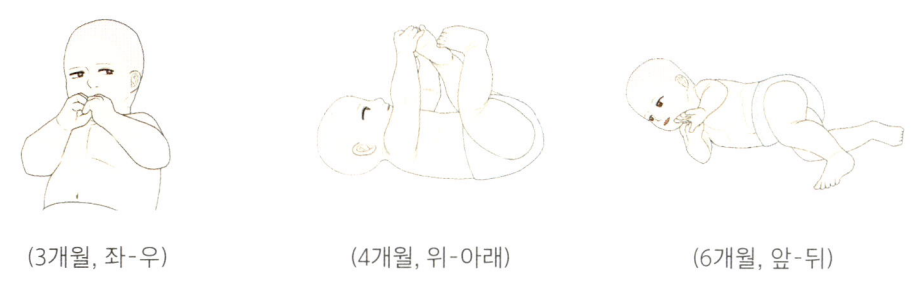

(3개월, 좌-우)　　　(4개월, 위-아래)　　　(6개월, 앞-뒤)

(그림4.6) **정중선의 발달과 협응**

 양쪽 팔과 다리를 공간에서 머물게 해주는 란다우 반응(landau reaction)은 머리부터 발까지 연결되었던 자궁 속 생리적 굴곡 자세에서, 출생 후 중력에 적응하면서 펴는 활동으로 발달하는 것을 의미한다. 란다우 반응은 머리와 몸통을 연결하고, 몸통과 골반, 골반과 다리의 움직임 발달로 이어져, 서고 걷기에 중요한 움직임 발달 요소가 된다(그림4.7).

(신생아 굴곡 자세)　　(란다우 반응, 강한 신전 반응)　　(선 자세)

(그림4.7) **란다우 반응의 움직임 연결**

18 몸을 가지고 놀기

① 알몸으로 놀면서 아기는 어떤 경험을 하게 될까?

양육자는 아기를 목욕시키고 옷을 입기 전에 자유로움을 느끼며 기분 좋아하는 것을 자주 관찰한다. 양육자는 아기의 감각·운동적 발달을 돕고자 한다면 알몸의 자유로움에 대하여 생각해 볼 필요가 있다(그림4.8).

- 알몸으로 양육자에게 안겼을 때 아기의 반응은 어떠한가요?
- 아기 움직임은 옷을 입었을 때와 벗었을 때 차이가 있나요?
- 아기가 자신의 몸을 보고 만지고 입으로 가지고 가는 기회가 증가 또는 감소하나요?
- 아기가 손이나 발을 입 안에 넣으면 양육자는 어떤 감정이 떠오르나요?
- 아기는 바로 누운 자세와 엎드린 자세 중 어느 자세에서 놀기를 좋아하나요?
- 아기가 활발하게 움직일 때는 언제이고, 움직이지 않고 가만히 있을 때는 언제인가요?
- 아기가 알몸으로 놀기에 좋은 온도는 어느 정도인가요?
- 아기가 알몸으로 놀이를 하고 있을 때 양육자는 어떤 느낌이나 감정이 떠오르나요?

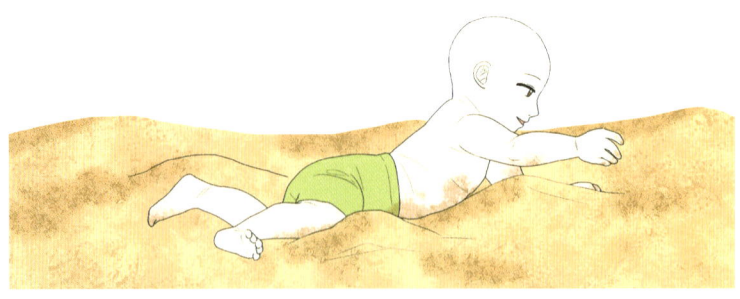

(그림4.8) **알몸 놀이**

② 자기 몸 가지고 놀기

  4~6개월경 아기는 자기 몸을 가지고 혼자 놀기를 시작한다. 아기에게 자기 몸을 가지고 놀면서 여러 가지를 시험해 볼 수 있도록 시간을 주면 아기는 옹알이로 혼자 뭔가를 이야기하기도 한다. 아기는 목욕 거품, 먹을 수 있는 죽 등과 같이 몸에 바르거나 묻히며 온몸으로 감각 놀이를 할 수 있도록 지원하는 것도 좋다. 아기에게 목욕 시간은 최고의 감각 놀이가 될 수 있다.

19 아기 관찰

* 아기는 어느 자세일 때 가장 오래 눈을 맞추나요?
* 아기는 어떤 놀이를 좋아하나요?
* 아기는 언제 다리를 움직이나요?
* 아기가 좋아하는 소리와 그렇지 않은 소리는 무엇인가요?
* 아기의 옹알이는 어느 상황에서 자주 보이나요?
* 아기는 엎드린 자세에서 무엇을 하고 노나요?

20 아기 놀이 지원

① 엎드린 자세에서 놀이

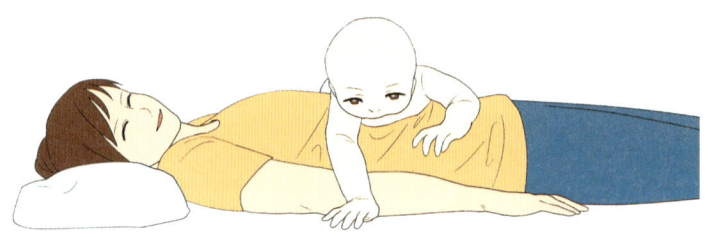

(그림4.9) **양육자의 몸에서 내려오기**

 양육자 몸은 아기에게 최고의 놀이터이다. 아기와 배와 배를 맞댄 자세에서 놀이(그림3.16)를 하다가 아기가 좋아하는 장난감을 양육자의 몸 옆에 놓아둔다. 양육자의 품에서 놀던 아기는 바닥으로 내려가 장난감을 얻는다. 아기는 자신의 노력으로 장난감을 성취하는 기쁨을 얻는다. 양육자는 아기와 놀아주기 위해 항상 서 있을 필요가 없다. 편한 자세에서 아기와 눈 맞춤을 하고, 아기가 자세를 유지할 수 있을 정도의 도움만 지원한다. 4~6개월 아기는 자신의 신체를 이용하여 움직임을 알아가고 조절하는 것이 중요하다(그림4.9).

(그림4.10) **엎드린 자세에서 까꿍 놀이**

아기와 마주 보고 엎드려 천으로 까꿍 놀이를 한다. 까꿍 놀이는 양육자가 천에 가려져 보이지 않는 상황에서 아기는 긴장을 하게 된다. 그리고 곧바로 천이 벗겨지는 순간 양육자가 존재한다는 사실에 긴장과 불안이 안도와 기쁨으로 바뀌는 즐거운 놀이다. 이 놀이는 대상 연속성 개념의 시작으로 대상과 사건들이 보고, 듣고, 만지지 못할 때에도 계속 존재한다는 개념을 이해하게 된다(그림4.10).

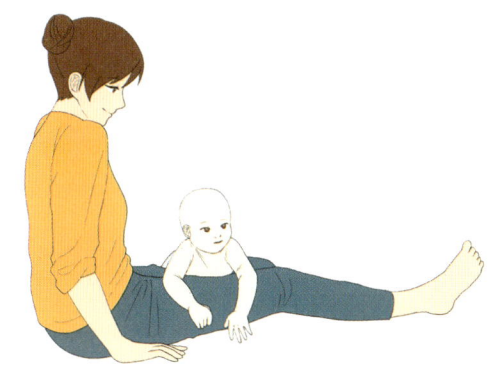

(그림4.11) **다리에 기대어 상체를 올리고 팔 펴기**

놀이 시 엎드린 아기에게 양육자의 다리는 최고의 폼롤러이다. 양육자의 따뜻한 체온과 부드러움이 아기의 놀이를 더 안정적으로 지원할 수 있다. 양육자에 기대어 팔을 자유롭게 움직이며 신체 발달과 장난감 등으로 소근육 놀이를 할 수 있다(그림 4.11).

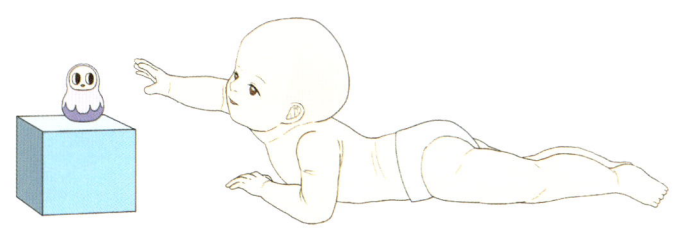

(그림4.12) **위에 놓인 물건 만지기**

4~6개월경 아기는 호기심을 유발하는 장난감을 만지기 위해 팔꿈치로 몸을 지지하고, 다른 팔을 위로 올려 만지려는 모습이 자주 관찰된다. 엎드린 자세의 놀이는 머리에서부터 발까지 중력에 적응하며 신체를 조절해 간다. 가벼워진 머리와 상체 들기, 엉덩이부터 발까지의 체중 지지는 손을 위로 올려 목표 지점에 닿을 수 있게 한다(그림4.12).

(그림4.13) 굴러서 목표물에 도달하기

아기는 기분 좋은 상태에서 바닥에 누워 뒤집기를 연습해 볼 넉넉한 공간이 필요하다. 아기는 공간이 넓을수록 몸을 더 많이 움직인다. 몸 근처에 있는 물건이나 장난감에 호기심을 느끼고 팔을 뻗어 거리를 측정한다. 멀다고 생각되면 굴러서라도 이동하여 목표물에 가까이 가려는 시도를 한다(그림4.13).

② 바로 누운 자세에서의 놀이

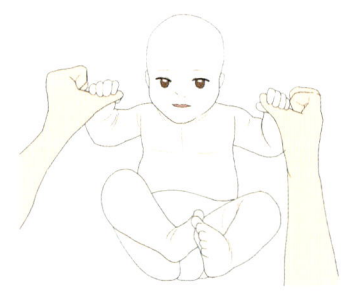

(그림4.14) 손가락 잡고 일어나 앉기

양육자의 손가락을 아기 손안에 넣으면 아기는 손가락을 꽉 쥔다. 양육자가 위로 당겨 아기가 바닥에서 머리를 들고 위로 올라올 수 있도록 한다. 이때 엉덩이를 축으로 상체가 올라와야 하기 때문에 마찰력이 높은 바닥에서 하면, 엉덩이가 미끄러지지 않아 쉽게 올라올 수 있다(그림4.14).

③ 몸을 똑바로 세워 앉은 자세에서의 놀이

양육자가 바닥이나 의자에 앉아서 아기를 다리 위에 앉히고 테이블에 장난감을 올려놓는다. 양육자는 두 손으로 아기 몸을 붙잡아 주거나, 아기의 등을 양육자의 상체에 살짝 기대게 하고 손으로 아기 몸을 세워준다. 그리고 몇 분 동안 아기가 이 자세로 놀 수 있도록 시간을 준다. 아기가 스스로 몸을 세우면 양육자의 손을 서서히 허리 아래쪽으로 이동하여 도움을 줄여나간다. 몸을 똑바로 세워 앉은 자세에서 놀이하면 아기는 스스로 몸을 세울 수 있는 기회를 얻는다. 그리고 테이블이 바닥을 가려 높이에 대한 두려움 없이 장난감에 집중할 수 있다(그림4.15).

(그림4.15) **양육자 품에 안겨 놀이하기**

④ 전정 감각 놀이

양육자는 아기를 안아 노래나 이야기를 하면서 놀이를 시작한다. 겨드랑이 아래에 손을 넣어 몸통을 감싸 안으며 아기를 공중으로 들어 올린다. 노래의 리듬에 맞추어 왼쪽 오른쪽으로 조금씩 기울인다. 아기가 움직임을 즐거워하면 점차적으로 기울기를 증가시킨다. 아기가 머리와 몸의 균형을 잡으면서 위치 변화에 적응하는지 관찰하면서 전정감각 놀이를 즐긴다(그림4.16-아기를 안고 좌우로 기울이기).

(팔 비행기 놀이)   (아기를 안고 좌우로 기울이기)

(다리 비행기 놀이)   (이불 그네)

(그림4.16) **전정감각 놀이**

21 부드러운 아기 체조

① 팔 교차하기

(그림4.17) **팔 교차하기**

아기 가슴에서 팔을 서로 교차한다. 팔의 위치를 위-아래로 바꾸어 가면서 3~4회 반복한다. 그리고 부드럽게 팔을 양옆으로 편다(그림4.17).

② 다리 교차하기

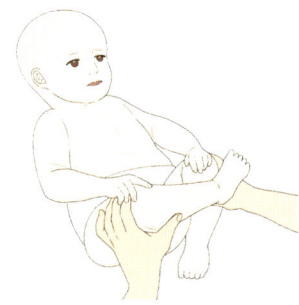

(그림4.18) **다리 교차하기**

아기 배에서 다리를 서로 엇갈린다. 다리 위치를 위-아래로 바꾸어 가면서 3~4회 반복한다. 그리고 부드럽게 다리를 양옆으로 편다(그림4.18).

③ 팔과 반대쪽 다리 교차하기

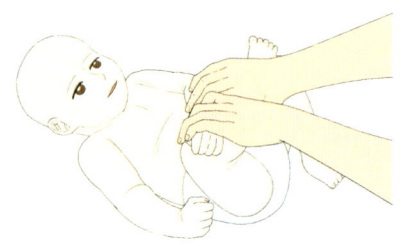

(그림4.19) **팔과 반대쪽 다리 교차하기**

한쪽 팔과 반대편 다리를 잡는다. 부드럽게 팔을 갈비뼈 쪽으로 놓고 발을 어깨 쪽으로 교차하여 올려놓는다. 이때 무릎이 구부려지도록 한다. 팔과 다리의 위치를 위-아래로 바꾸어 가면서 3~4회 반복한다. 그리고 부드럽게 팔과 다리를 양옆으로 편다(그림4.19).

④ 다리를 위로 아래로

(그림4.20) **다리를 위로 아래로**

양 발목을 잡아 배 쪽으로 무릎을 구부리면서 올린다. 그리고 바깥쪽으로 무릎을 펴준다. 아기가 다리 펴기를 싫어하면 다리를 부드럽게 놓아 편히 쉬도록 도와준다. 여러 번 반복한다(그림4.20).

⑤ 자전거 타기

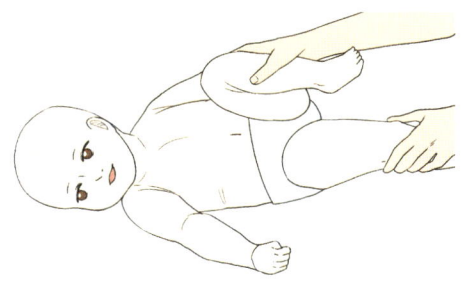

(그림4.21) **자전거 타기**

한쪽 다리를 부드럽게 배 쪽으로 무릎을 구부리면서 올리고, 다른 다리는 아래로 다리 펴기를 한다. 좌우 다리를 여러 번 반복한다(그림4.21).

⑥ 옆으로 구르기

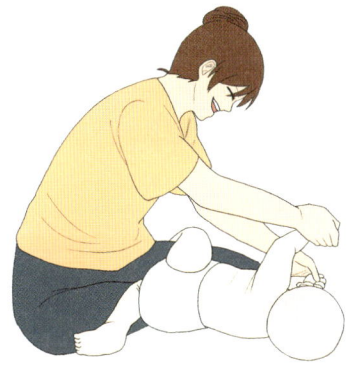

(그림4.22) **옆으로 구르기**

아기를 똑바로 눕힌 채 양손을 잡고 좌우로 가볍게 구르듯 옆으로 눕혀준다. 아기의 컨디션에 맞추어 리듬과 속도를 변화시키는 것이 좋다(그림4.22).

 # 체크 포인트

17 신체의 세 개의 정중선을 기준으로 하는 좌-우, 위-아래, 앞-뒤 방향에 움직임이 가능한가요? 엎드린 자세에서 란다우 반응이 나타나나요?

18 알몸으로 놀았을 때와 옷을 입고 놀았을 때, 어떤 차이를 보이나요?

19 양육자가 아기에게 다가가면 아기는 어떤 반응을 보이나요?

20 아기가 흥미를 보이는 물질을 얻기 위해 어떤 움직임을 보이나요?

21 아기 체조 시 동작과 관련된 동요를 불러보세요. 어떻게 반응하나요?

5장

7~9개월
먼 세계로 탐험하자

- **22.** 자세의 발달
- **23.** 아기 관찰
- **24.** 아기 놀이 지원-다양한 자세에서의 놀이
- **25.** 네발기기 능력의 중요성
- **26.** 앉는 시기에 대한 고민

22 자세의 발달 [10]

(그림5.1) 높은 조절 능력을 요구하는 축 회전 동작

7~9개월 아기의 특징적 움직임은 축 회전(axial rotation) 동작이다. 이것은 좌-우, 위-아래, 앞-뒤의 움직임을 하나의 동작으로 만들어 높은 위치의 공간에서 원하는 시기에 멈출 수 있는 신체 조절의 발달을 의미한다(그림5.1). 다리에서 몸통을 지나 손에 이르기까지 신체를 여러 방향으로 움직임을 조절하여 다양성을 발달시킨다(그림5.2).

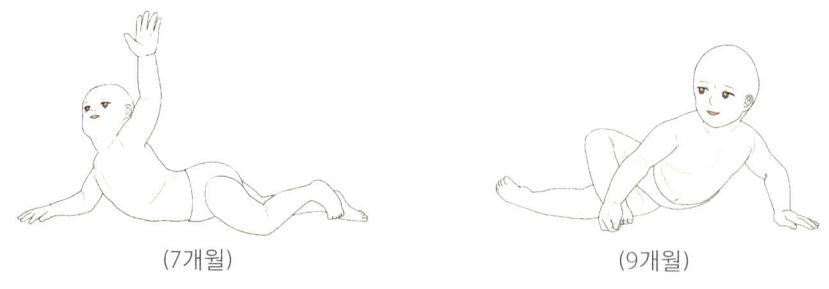

(7개월)   (9개월)

(그림5.2) **다양한 축 회전 동작**

7~9개월 아기의 다른 특징적 활동은 배밀이(creeping), 네발기기(crawling)와 같은 이동 능력의 발달이다. 신체 정중선을 기준으로 다양한 방향과 이동 거리가 증가하는 시기이다. 자세 조절과 동시에 시각, 손의 기능, 인지 기능의 발달로 호기심이 더욱 늘어나고 이것은 환경 탐색을 위해 이동 능력의 발달로 연결된다(그림5.3).

 몸통과 함께 움직이던 팔과 다리는 따로 움직일 수 있게 되어, 견갑골과 골반의 움직임을 각각 만들고 조절하기 시작한다. 팔과 다리의 상호교대 움직임을 통해 이동을 더 쉽고 빠르게 할 수 있다. 몸통의 복근과 회전근의 발달로 위로 올라가 있던 가슴이 아래로 내려가게 된다.

(그림5.3) **8개월, 배밀이(creeping)**

 누운 자세에서 다리를 들면서 다리에 대한 인식이 증가하고, 이것은 앉은 자세의 준비이기도 하다. 눈-입-손-발의 협응을 통한 활발한 움직임은 골반 움직임을 발달시킨다(그림5.4).

(그림5.4) **7개월, 눈-입-손-발 협응을 통한 골반의 움직임 발달**

8개월경 아기는 발목이 무릎과 엉덩관절이 함께 구부러지는 굴곡패턴을 벗어나서 무릎과 엉덩관절은 굴곡 상태를 유지하고 발목만 발바닥 쪽으로 뻗는 저측굴곡(plantar flexion) 모습을 보이기 시작한다(그림5.5). 이것은 선 자세를 위한 다리의 선택적 움직임을 준비하는 과정으로, 엉덩관절과 발목관절이 상호작용하면서 점점 더 섬세하게 움직임을 조절하여 비대칭 자세를 유지할 수 있게 된다.

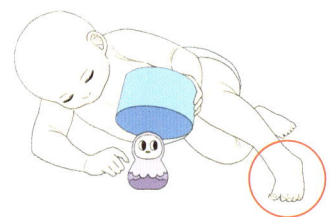

(그림5.5) **8개월, 다리 관절 사이에서의 세분화된 조절**

견갑골(scapula)에서 팔을 지나 손까지 그리고 골반에서 다리를 지나 발까지의 운동 발달은 네발 자세를 가능하게 한다. 네발 자세는 이동을 위한 기능적이고 독립적인 자세이다. 몸통과 어깨 그리고 손이 조절되면서도 자유로운 움직임은 공간에서 손을 사용하기 쉽게 만들어 준다. 이처럼 손 사용이 쉬워지고, 다리가 바닥으로부터 몸의 체중을 지지할 안정성이 확보되면 배밀이에서 네발기기를 시작하게 된다. 몸통 회전 동작이 발달하면서 상호교대로 네발기기가 능숙해진다. 아기는 체중 이동을 점차 높은 위치에 적응하면서 무릎서기 자세, 한 발 무릎서기 자세로 발달해 간다(그림5.6).

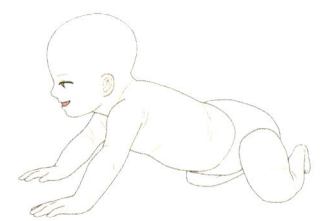

(그림5.6) **8개월, 네발기기 자세**

23 아기 관찰

* 최근 아기가 좋아하는 놀이는 무엇인가요?
* 아기는 다양한 크기, 모양, 촉감의 물건을 잡고 놓을 수 있나요?
* 아기는 어느 자세에서 노는 것을 좋아하나요?
* 아기가 사람이나 물건에 관심을 보일 때 스스로 이동하여 가까이 가나요?
* 이때 아기를 바라보는 양육자의 태도는 어떠한가요?
  (애쓰는 아기가 안타까워 양육자가 대신해주나요? 아니면 아기 노력을 응원하며 지켜보나요?)

24 아기 놀이 지원-다양한 자세에서의 놀이

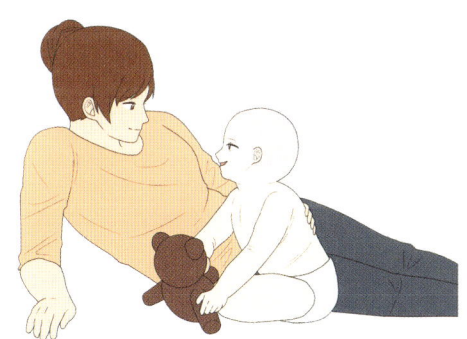

(그림5.7) 앉은 자세에서 눈 맞춤 놀이

양육자의 정서적 상태는 아기에게 매우 중요하다. 양육자가 밝은 얼굴로 아기와 눈 맞춤을 하면 아기는 자신을 기쁜 존재로 인식한다. 하지만 양육자가 우울하고 걱정스러운 표정을 하면 아기는 자신을 우울한 존재로 받아들인다. 아기와의 눈 맞춤이 중요한 시기에 양육자의 정서적 상태는 어떠한지 되돌아보는 것도 꼭 필요하다(그림 5.7).

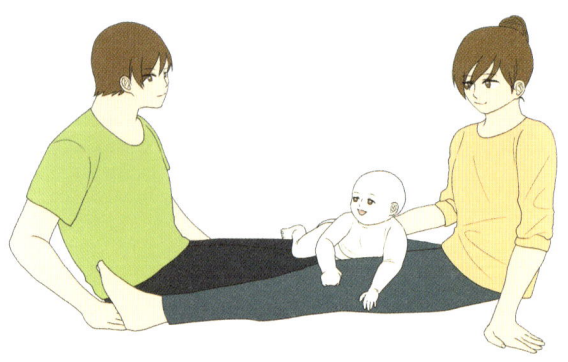

(그림5.8) **다리 장애물 건너기**

양육자들이 다리를 펴고 서로 마주 보고 앉는다. 아기는 놀이를 하는 동안 눈 맞춤, 표정, 언어적 자극, 몸짓을 서로 교환하며 양육자의 도움을 받아 건너간다. 양육자의 긍정적 반응은 아기가 지속적으로 놀 수 있는 힘이 된다. 아기가 능숙해지면 장애물 건너기 놀이를 스스로 할 수 있다(그림5.8).

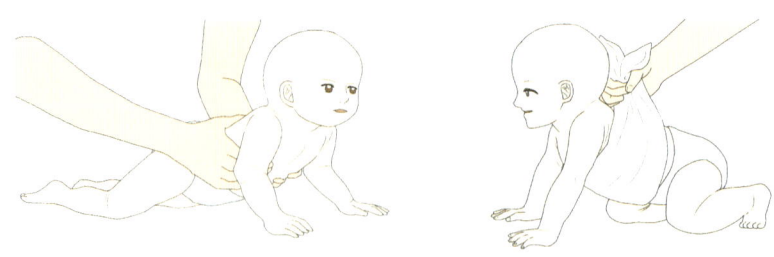

(그림5.9) **네발기기 지원**

아기가 기어 다니는 자세가 불안정할 경우, 등 양쪽을 안정감 있게 잡아주거나, 수건과 같은 천을 이용하여 배를 감싸 몸이 바닥에 닿지 않도록 하여 아기의 네발기기를 지원한다(그림5.9).

(그림5.10) **목표물로 다가가 높이에 따라 몸 조절하여 놀기**

마음껏 기어 다니면서 다양한 높이와 물질들을 경험할 수 있는 환경과 아기가 흥미를 가질만한 물질을 준비한다. 아기가 원하는 목표물에 스스로 기어서 갈 수 있도록 지원한다. 자신의 노력으로 원하는 것을 얻는 경험을 할 수 있도록 지원하는 것은 아기 발달에 매우 중요하다(그림5.10).

(그림5.11) **공놀이하며 이동하기**

다양한 색과 재질을 가진 공은 아기 호기심을 자극하는 좋은 장난감이다. 네발기기를 통해 공에게 다가가 만지고 굴려보며 새로운 놀이 경험을 한다. 그 속에서 촉각, 평형감각, 시각, 고유수용감각, 조절력 등을 촉진할 수 있다(그림5.11).

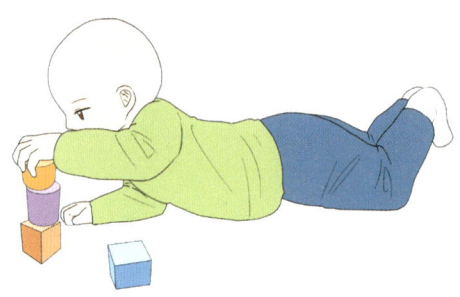

(그림5.12) **블록쌓기**

엎드린 자세가 안정적이고 팔과 손의 움직임을 자유로이 할 수 있을 때 인지적 놀이를 지원한다. 자세가 안정적이고 자유로운 자세에서 아기는 인지적 놀이에 호기심을 가지고 집중할 수 있다(그림5.12).

(그림5.13) **이불 그네**

아기를 이불에 앉히거나 눕혀서 천천히 좌-우, 위-아래 방향으로 그네를 움직인다. 아기가 재미를 느끼면 노래의 리듬에 맞추어 속도와 높이를 조절한다. 아기는 양육자와 함께 하는 전정감각 놀이와 상호작용을 통해 더욱 애착이 쌓이게 된다(그림13).

25 네발기기의 중요성

- 네발기기는 손과 무릎에 체중이 실리면서 촉각과 고유수용감각을 높이고, 구부려진 손가락을 펴는 과정에서 섬세한 소근육 기능을 발달시킨다.
- 팔과 다리를 교차하는 동시에 들어 올리는 네발기기는 힘, 양측성 협응, 평형감각, 조절력을 향상시켜 신체 에너지를 효율적으로 사용할 수 있게 한다.
- 네발기기를 충분히 하지 않으면 내반 보행이나 협응력 저하, 집중력 부족과 산만함, 우세손의 확립 실패, 소근육 활동 어려움 등이 발생할 수 있다.

26 앉는 시기에 대한 고민

① 앉혀주지 말고, 스스로 앉도록 도와주세요.

7~9개월 움직임이 적은 아기는 양육자에 의해 앉혀지면 스스로 중심을 잡지 못하고 넘어지는 것을 볼 수 있다. 이것은 몸통에 있는 근육들이 충분히 발달하지 않았기 때문이다. 여러 보조 도구를 사용하여 앉기 자세를 유지하도록 몸을 받쳐주기도 하는데, 아기가 넘어지는 것을 막을 수는 있어도 척추 발달에는 걸림돌이 될 수 있다.

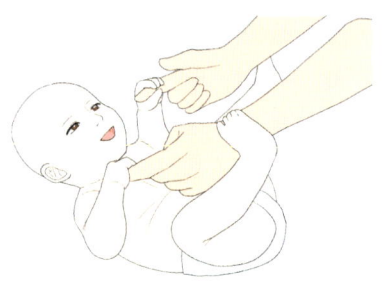

(그림5.14) **손가락 잡고 일어나 앉기**

아기가 앉으려면 먼저 앉기 자세를 하는데 필요한 동작을 배워야 한다. 엎드린 자세에서 손바닥으로 몸을 높이 들어 올리고(그림5.15), 양육자의 손을 잡고 일어나 앉고(그림5.14), 회전 동작을 하면서 몸의 준비를 차곡차곡하는 것이 중요하다.

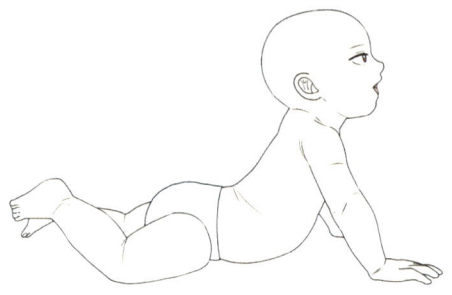

(그림5.15) **6개월, 엎드린 자세에서 손으로 자세 유지하기**

리첼 폴린스키(2008)는 "아기가 혼자서 일어나 앉을 수 있어야 앉을 시기가 된 것이다. 성장표를 보고 아기의 월령에 맞다고 혼자서 일어나 앉을 수 없는 아기에게 앉기를 강요해서는 안 된다."라고 말하고 있는데, 이 내용에 전적으로 동의한다. 엎드린 자세에서 기기를 충분히 연습하면서 충분한 힘과 조절력을 길러 자연스럽게 앉기 자세로 발달하는 것이 좋다.[5]

② 옆으로 누운 자세에서 일어나 앉기

(그림5.16) 옆으로 누운 자세에서 일어나 앉기

 아기는 아래 팔꿈치로 바닥을 받쳐 옆으로 상체를 약간 들어 올리고 있다. 이때 다른 쪽 팔은 마음대로 움직이거나 장난감을 잡을 수 있다. 시간이 지나면서 팔꿈치로 몸을 지지하는 일은 점점 줄어들고 마침내 손으로만 몸을 받치게 된다. 그리고 몸을 더 높이 일으켜서 결국에는 일어나 앉게 된다(5.16).

③ 기는 자세에서 앉기 자세로 만들기

(그림5.17) 엎드린 자세에서 일어나 앉기

엎드린 자세에서 양쪽 손과 무릎에 체중을 실어 엉덩이를 들어 올려 네발자세를 만든다. 한쪽 다리에 체중을 싣는다. 체중을 실은 엉덩이를 바닥으로 내리면서 옆으로 앉기 자세를 만든다. 손을 이용하여 몸의 균형을 잡은 후에, 바닥에서 손을 떼고 몸통을 바르게 세워 앉는다(그림5.17).

④ 앉기 자세에서 네발기기 자세로 바꾸기 1

 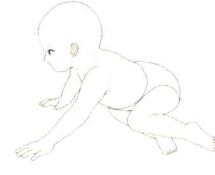 

(그림5.18) **10개월, 앉기 자세에서 네발 자세로 바꾸기 1**

한 손을 몸 옆에 놓아 체중을 지지한다. 균형을 잡으며 몸을 돌려 양손을 나란히 바닥에 놓는다. 엉덩이를 들어 양 무릎으로 지지하면서 네발기기 자세로 바꾼다(그림 5.18).

⑤ 앉기 자세에서 네발기기 자세로 바꾸기 2

양다리를 벌리고 양손은 다리 안에 지지하고 앉는다. 다리를 안쪽으로 구부려 양 무릎을 지지하여 네발기기 자세로 바꾼다. 이 동작은 근육의 긴장도가 낮으면서 유연성이 높은 아기가 주로 사용하는 전략이다(그림5.19).

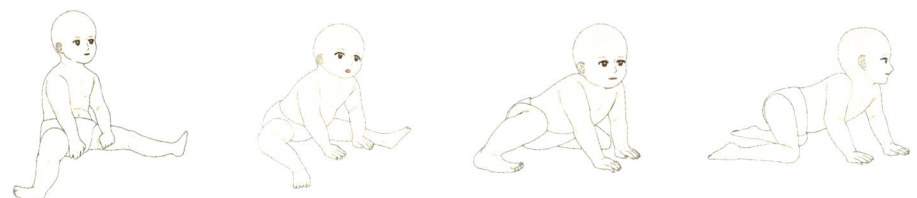

(그림5.19) **10개월, 앉기 자세에서 네발기기 자세로 바꾸기 2**

⑥ 무릎 꿇고 앉기 자세

어떤 아기는 기는 자세에서 사진 속의 아기처럼 무릎을 꿇고 앉기 자세로 논다. 무릎을 꿇고 앉기 자세는 몸통의 자세를 꼿꼿하게 세워준다. 또 한쪽 다리는 앞으로 내밀고 다른 쪽 다리는 뒤로 빼서 앉기도 한다. 앉기 자세를 다양하게 바꾸어 갈 수 있는 능력이 중요하다(**그림5.20**). 다음 6장에 다양한 앉기 자세가 소개되어 있다.

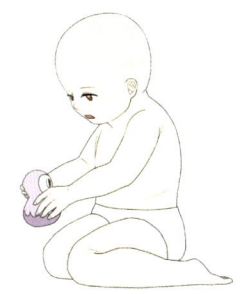

(그림5.20) **무릎 꿇고 앉기 자세**

 # 체크 포인트

22 축 회전 놀이 자세와 상호교대 배밀이 이동을 아기처럼 시도해 봅시다.

23 아기가 사람이나 물건에 관심을 보일 때 스스로 이동하여 자신의 욕구를 해결하나요?

24 아기와 놀이 시 양육자의 표정과 정서 상태는 어떤 지 먼저 체크해 주세요(양육자의 밝은 표정은 아기 자신을 기쁜 존재로 인식하지만 우울하고 걱정스러운 표정은 자신을 걱정스러운 존재로 인식하게 한답니다).

25 네 발 이동 연습을 충분히 했을 때와 그렇지 않았을 때의 차이를 생각해 봅시다.

26 앉혀지는 것과 스스로 앉는 것은 어떤 차이가 있나요?

6장

10~12개월
높은 세계로 탐험하자

27. 자세의 발달
28. 특성 이해와 지원
29. 아기 관찰
30. 아기 놀이 지원

27 자세의 발달

① 발의 조절 능력과 균형의 발달 [10]

아기가 발을 조절하여 균형을 잡는 능력은 출생 후 점차 중력에 적응하면서 발달하지만, 선 자세에서는 무게중심의 위치가 가장 높기 때문에 적응이 쉽지 않다. 작은 발 위로 연결된 신체의 체중을 지지하여 움직인다는 것은 아주 어려운 일이기 때문이다. 선 자세에서 일어나는 균형 활동에서는 발과 발목 주위의 근육들이 중심이 되어 선자세의 정렬과 안정성에 아주 많은 부분을 차지한다(그림6.1).

(의자 잡고 일어서기)

(바닥에서 스스로 일어서기)

(계단 올라가기)　　(벽에 손을 데고 옆으로 걷기)

(그림6.1) **발의 조절과 균형의 발달**

② 걷기를 시작하는 시기

아기가 처음 걷기 시작할 때 넘어지지 않으려면 신체의 무게중심을 조절해야 한다. 보행 초기 조절이 어려운 아기는 긴장이 높아져 어깨와 손을 올리고, 발뒤꿈치를 들어 걷기도 한다. 걷는다는 것은 두 다리로 균형을 잡고, 균형을 깨는 연속적 과정으로 어렵기 때문이다(그림6.2).

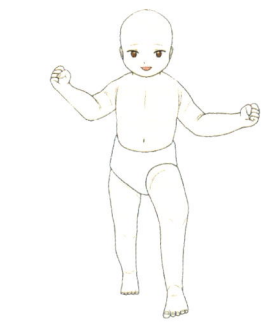

(그림6.2) **12개월, 독립 보행**

③ 다양한 앉기 자세

10~12개월경 아기는 다리와 꼿꼿한 척추 발달로 다리를 앞으로 펴고 앉기가 가능해진다. 아기는 다리 관절에서 여러 자세를 해보면서 다양한 앉기 자세를 할 수 있게 된다(그림6.3).

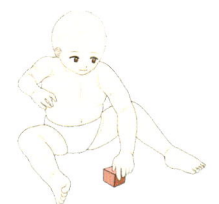   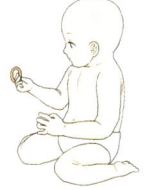

(그림6.3) **11개월, 다양한 앉기 자세**

④ 보호신전 반응(Protective Extention Reaction)의 발달

아기는 다리 움직임의 발달로 앉기 자세에서 여러 방향으로 체중이동과 몸통 회전이 증가하게 된다. 골반의 움직임은 좌-우 체중이동이 앞-뒤 체중이동 보다 먼저 발달한다. 움직임시 균형을 잃었을 때 앞쪽, 옆쪽 보호신전 반응이 발달한다. 점차 신전의 활동 범위가 커져 뒤쪽 균형을 잃었을 때 뒤쪽 보호신전 반응이 발달하게 된다(그림6.4).

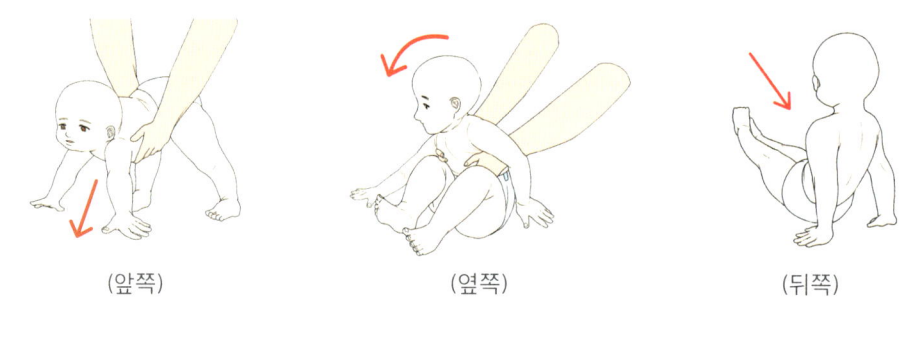

(앞쪽)　　　　　(옆쪽)　　　　　(뒤쪽)

(그림6.4) 보호 신전 반응

⑤ 잡고 서기부터 방향 바꾸어 걷기까지

28 특성 이해와 지원

① 아기 특성

　10~12개월 시기에 아기는 네발기기가 자유로워지고 마음대로 자세를 바꾸면서 움직일 수 있다. 그러다가 높은 위치에 있는 소파와 같은 것을 잡고 몸을 일으켜 서기를 시작한다. 그리고 옆으로 발을 이동하다가 점차 손을 잡지 않고 엉거주춤한 자세로 발을 떼기 시작하면서 혼자 걷게 된다. 양육자는 아기가 적극적으로 주변 사람과 사물 그리고 환경을 알아가려는 시도하는 것을 보게 된다. 아기는 스스로 한 행동의 결과에 놀라기도 하고, 충분히 이해가 될 때까지 같은 일을 계속 반복하여 시험해 본다. 그리하여 아기는 자신의 욕구를 직접 행동하여 스스로 해결할 수 있다는 것을 알게 되면서 독립심이 발달해 간다. 이로 인해 양육자와 아기 사이에 첫 주도권 다툼이 일어나기 시작한다. 아기는 식탁의 물건을 계속하여 떨어뜨리고, 오디오의 버튼을 반복해서 누르는 등의 행동을 보이기도 한다. 양육자는 인내심을 가지고 아기에게 갖고 싶어 하는 물건을 조심스럽게 다루도록 보여주고 알려주거나, 다른 물건으로 바꿔주는 것이 좋다.

　다른 한편으로는 이 시기에 다른 사람의 도움을 받아 해결할 수 있다는 사실도 잘 알아간다. 아기의 욕구가 생기기도 전에 만족시켜 주면 아기가 좋아할까? 아마도 처음에는 좋아할 수 있으나 점차 기쁨을 느끼기보다는 당연하다고 느낄 것이다. 또한 장애물이나 문제 상황에서 아기가 어떻게 해야 할지 생각도 못해 본 상황에서 양육자의 과도한 도움으로 해결되는 일이 자주 있다 보면 아이의 상호작용과 의사소통 능력을 발달시킬 기회가 점차 줄어들 것이다. 그러므로 아기가 스스로 선택하고 주도적으로 해결했다는 자신감을 경험할 수 있도록 꼭 필요한 때만 도움을 주는 것이 필요하다. 물론 그렇게 하면 어른이 아기 대신 문제를 해결해 줄 때보다 시간이 더 걸리며, 지켜보는 마음은 편하지 않을 것이다. 그렇지만 아이의 발달을 위해서 양육자가 참고 견디는 시간이 꼭 필요하다.

② 아기 지원

- 아기에게 마음 놓고 만질 수 있는 물건과 충분한 시간을 제공한다.
- 아기가 주변 환경에서 자주 발생하는 일을 관찰하고 모방할 수 있게 한다.
- 아기가 엄마의 립스틱으로 색칠을 하거나, 로션을 크림으로 생각하여 맛보는 등의 당황스러운 일들을 종종 목격하곤 한다. 필요에 따라 물건의 특성과 어느 용도로 사용하는 것인지 아기에게 가르쳐 준다.
- 아기의 지나친 호기심으로 인하여 때로는 양육자의 인내심이 한계에 도달하기도 한다. 이때 양육자가 보이는 부정적 반응을 통해 아기는 자신의 행동에 대한 한계를 배워나가는 기회가 될 것이다.
- 소파를 탐험하는 아기가 다시 내려오려고 할 때, 빠르고 쉬운 방법은 바로 양육자가 안고 내려주는 것이다. 최선의 방법은 아기 옆에서 스스로 내려올 수 있도록 응원하고 떨어지지 않도록 보호하면서 두 다리를 먼저 밑으로 내려야 안전하다는 것을 알려주는 것이다(그림6.5).

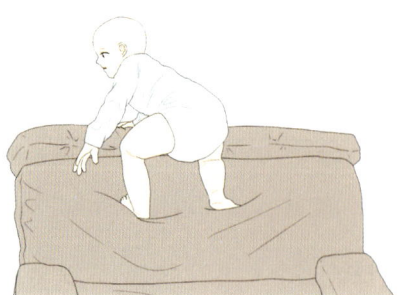

(그림6.5) **소파 오르기**

29 아기 관찰

* 아기는 다양한 감정을 어떻게 표현하나요?
* 아기는 물건을 어떻게 잡나요?
* 아기는 동시에 양손을 사용할 수 있나요?
* 아기는 물건을 얼마나 세게 잡고 있나요?
* 아기는 새로운 물건으로 무엇을 하나요?
* 아기는 물건의 특성과 기능을 어떻게 알아가나요?
* 아기는 주변에서 일어나는 일을 관찰하고 모방할 수 있나요?
* 아기는 호기심이 있는 곳으로 어떻게 이동하여 놀이를 하나요?

30 아기 놀이 지원

① 다양한 자세의 놀이

(그림6.6) **앉은 자세에서 장난감 놀이**

선자세 움직임이 불안정하면 집중을 요구하는 놀이는 앉은 자세에서 하는 것이 좋다. 집중이 필요한 시점에서 자세를 유지하는데 에너지를 쓰지 않아도 되기 때문이다(그림6.6).

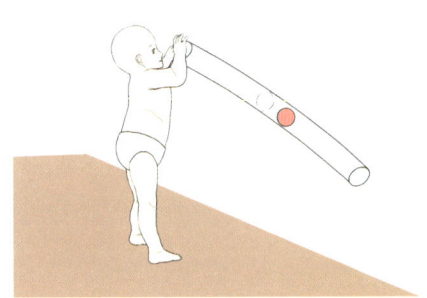 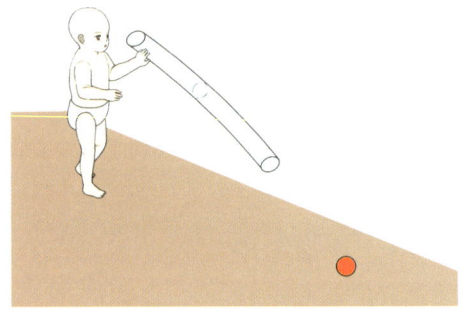

(그림6.7) **서서 터널에 공 넣기**

10~12개월경 선 자세를 유지할 수 있는 놀이 지원이 필요하다. 공을 들어 통 안으로 넣어 공이 굴러가는 것을 본다. 원인과 결과를 알아가고, 시야도 넓어지게 된다(그림 6.7).

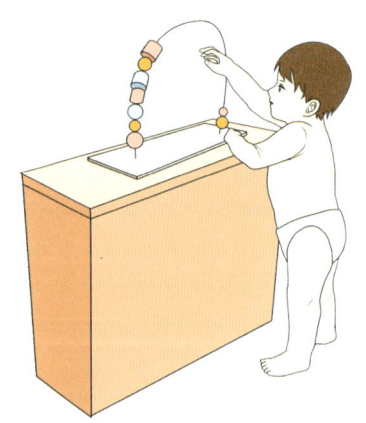

(그림6.8) **선 자세에서 블록 옮기기**

입체 도형을 이동시키면서 눈과 손을 협응과 움직임 조절 능력을 키울 수 있다. 아기는 넘어지는데 에너지를 쓰지 않을수록 놀이에 집중을 더 많이 할 수 있다(그림6.8).

(그림6.9) **앉고 서기**

아기는 환경을 이용하여 앉고 서기를 하며 불안한 균형과 조절 능력을 키우고 있다 (그림6.9).

(그림6.10) **다양한 걷기**

걷기가 가능해지면 경사로 걷기, 장애물 건너기 등을 연습한다(그림6.10).

(그림6.11) **터널 놀이**

터널이라는 좁고 긴 공간에서 자기만의 안전기지로 인식하고 좋아하는 아기가 있는 반면에 밖이 보이지 않아 두려워하는 아기도 있다. 새로운 물질과 장소에 대한 즐거운 경험이 중요하다(그림6.11).

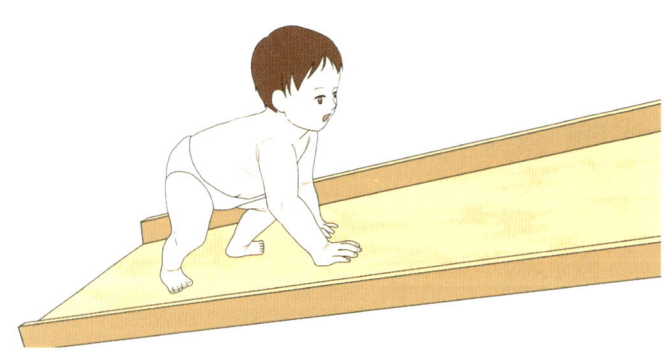

(그림6.12) **미끄럼 오르기**

손과 발을 이용하여 미끄럼 경사를 올라가고 있다. 운동 감각과 조절 능력에 많은 도움이 되고 있다(그림6.12).

(그림6.13) **계단 오르고 내려오기**

계단 놀이는 익숙해지기 전까지 벽 옆에서 하게 되면 심리적 안정감을 높여 준다. 지지할 벽이 없는 경우 네발 자세로 계단을 가기도 한다. 반복을 통한 충분한 경험은 안전하게 계단 이용을 할 수 있도록 돕는다(그림6.13).

(그림6.14) **볼풀 놀이**

모든 놀이가 그렇지만 볼풀 놀이는 풀에 들어갔을 때 몸의 자세 유지와 조절을 할 수 있어야 재미를 느낄 수 있다. 그래서 처음에는 적은 공으로 관찰하고 만지기 시작하여 깊고 넓은 볼풀에서 놀이하면 거부감 없이 재미있게 놀이할 수 있다(그림6.14).

(그림6.15) **자동차 운전**

　자동차 운전 놀이는 바퀴로 이동하는 자동차에 앉아 발로 바닥을 밀어 스스로 앞으로 나아간다. 이때 흔들리는 상체의 균형을 유지하기 위해 손은 핸들을 잡는다. 자동차 운전 놀이는 눈과 손 그리고 다리의 유기적인 협응과 조절이 필요하다(그림6.15).

6장 체크 포인트

27 아기의 네발자세에서 앉은 자세로의 과정을 한번 따라 해 봅시다.

28 아기가 선택한 문제 상황에서 어떻게 행동하시나요?

29 아기는 주변에서 일어나는 일을 관찰하고 따라 하나요?

30 아기와 놀이 상황에서 양육자는 어떻게 반응하며 상호작용하나요?

참고 문헌

1. 김정인(1994). 〈장애아 조기발견을 위한 반사검사법〉. 고려의학

2. 대한아동·학교작업치료학회(2015). 아동작업치료(개정판). 계축문화사

3. 두산백과 두피디아
   (https://terms.naver.com/entry.naver?docId=1096496&cid=40942&categoryId=32315)

4. 레나테 짐머(이숙정 역) (2005). 심리운동의 이해. 서울시립장애인종합복지관

5. 리젤 폴린스키(박정미 역) (2008). 아기 몸놀이 120가지. 이지앤

6. 박문호(2008). 뇌와 생각의 출현. 휴머니스트

7. 서울시 보육 포털 사이트
   (https://iseoul.seoul.go.kr/portal/info/boardHealthView.do?idx=1674&pageIndex=1)

8. 수잔 브링크 (안기순 역) (2015). 생후 첫 3개월. 청림Life

9. 질 코넬, 셰릴 맥카시(안진희 역)(2018). 몸놀이가 아이 두뇌를 바꾼다. 길벗

10. 홍정선(2009). 뇌성마비를 위한 정상발달. 군자출판사
    (p16~19, 34~36, 65~67, 69, 91, 92, 110~113)

11. Barbra Zukunft-Huber (2010). Die ungestoerte Entwicklung Ihres Babys. TRIAS

12. Dr. Frances Williams(2012). 사진으로 한눈에 익히는 0~12개월 아기 돌보기. 리스컴

13. EBS 아기성장보고서 제작팀 (2015). 아기성장보고서. 예담

[일러두기]

1. 본문에 인용한 도서는 참고문헌 페이지에 기재하였습니다.
2. 이 책에 실린 저작물은 해당 저작권자의 허락을 받아 게재하였으나 부득이하게 저자와 연락이 닿지 않아
   허락받지 못한 저작물도 있습니다.

아기를 생각하며
운동 발달의
결정적인 순간들을
색칠해 보세요

신생아

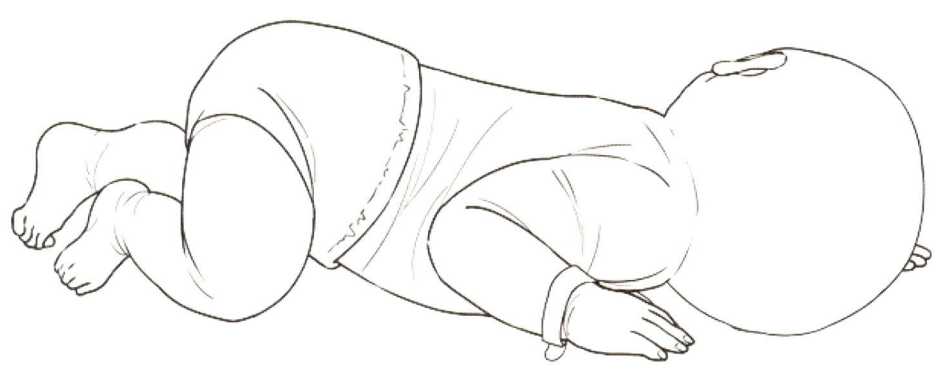

1 개월

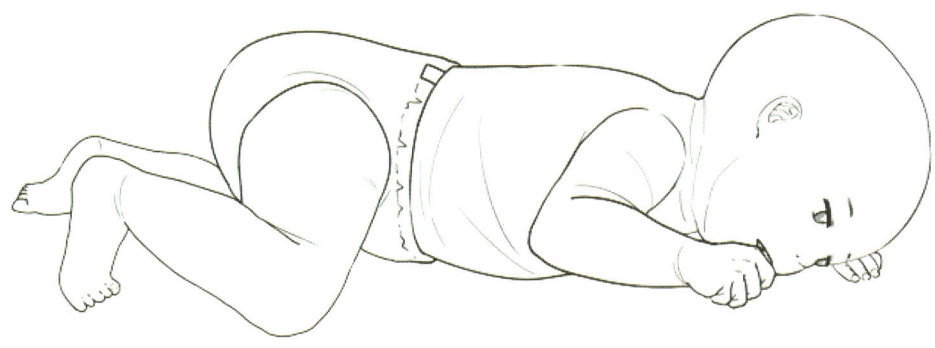

2 개월

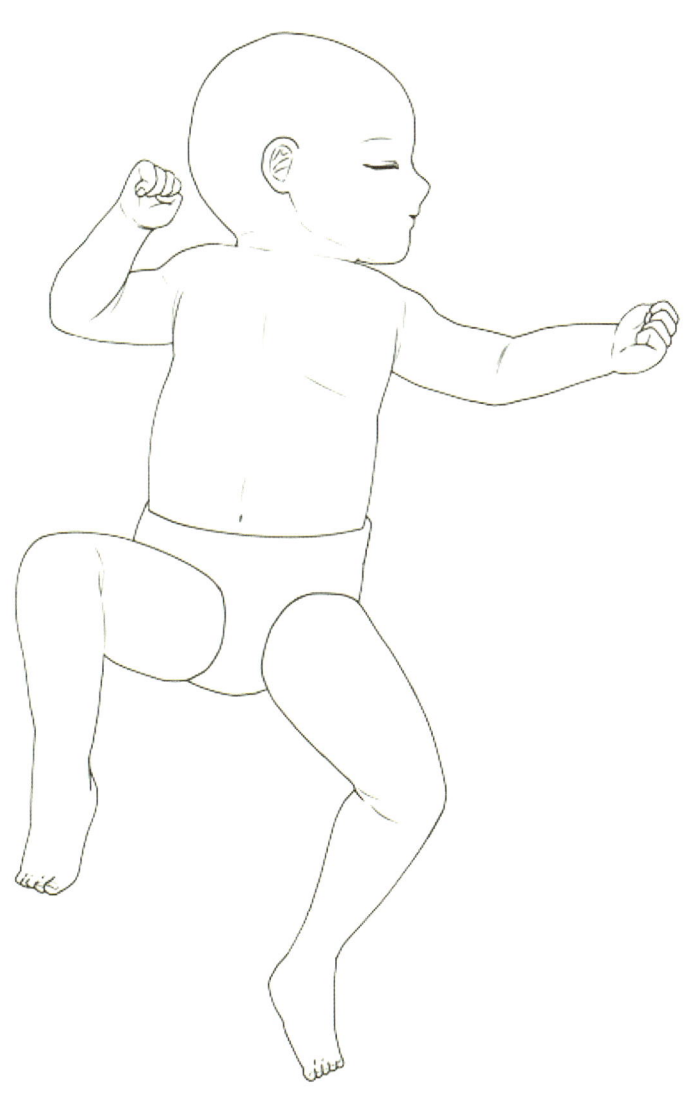

2 개월

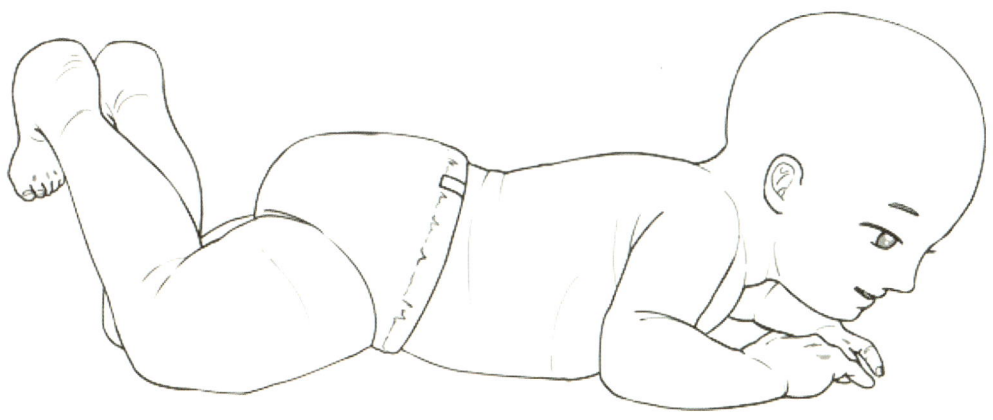

3 개월

3 개월

4 개월

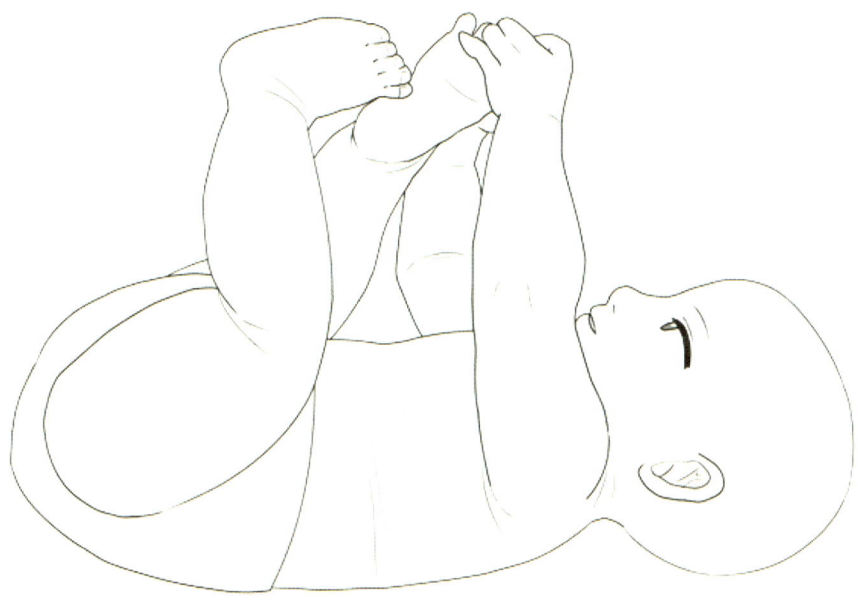

4 개월

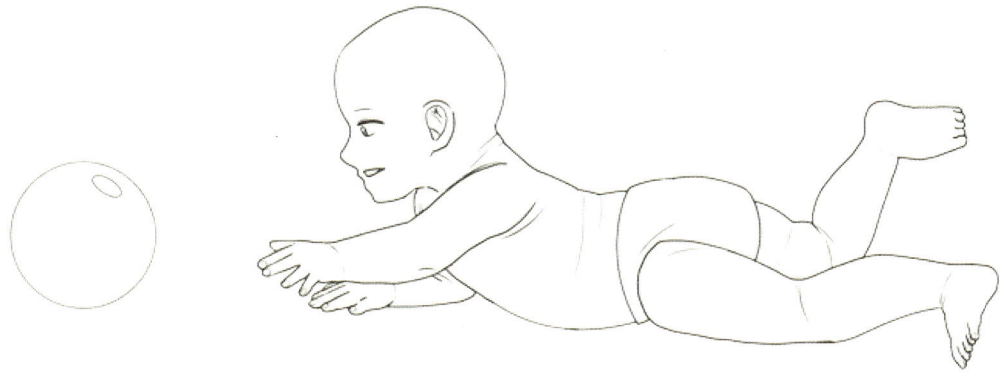

5 개월

6 개월

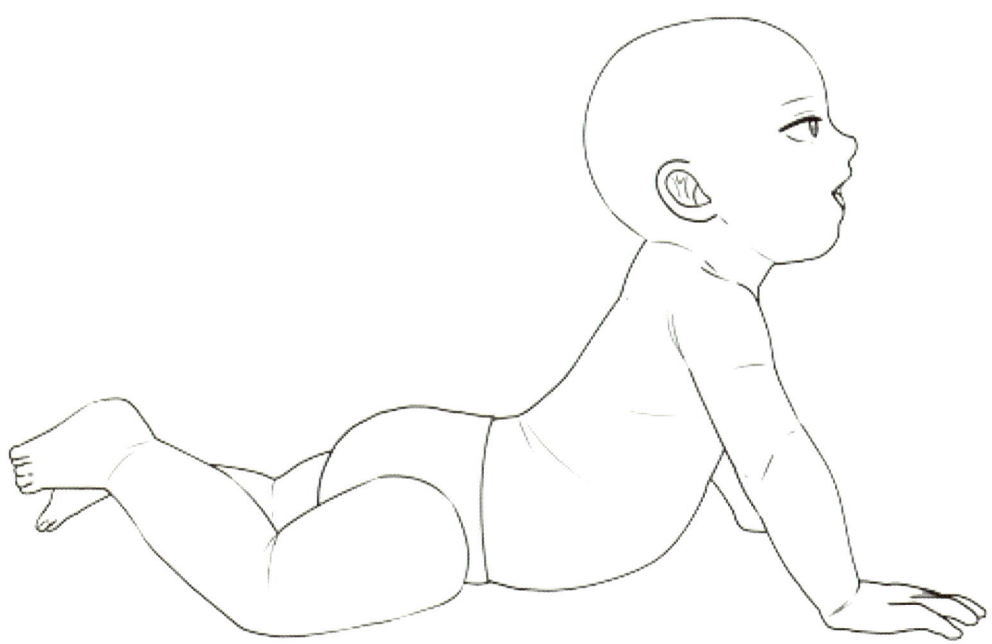

6 개월

7 개월

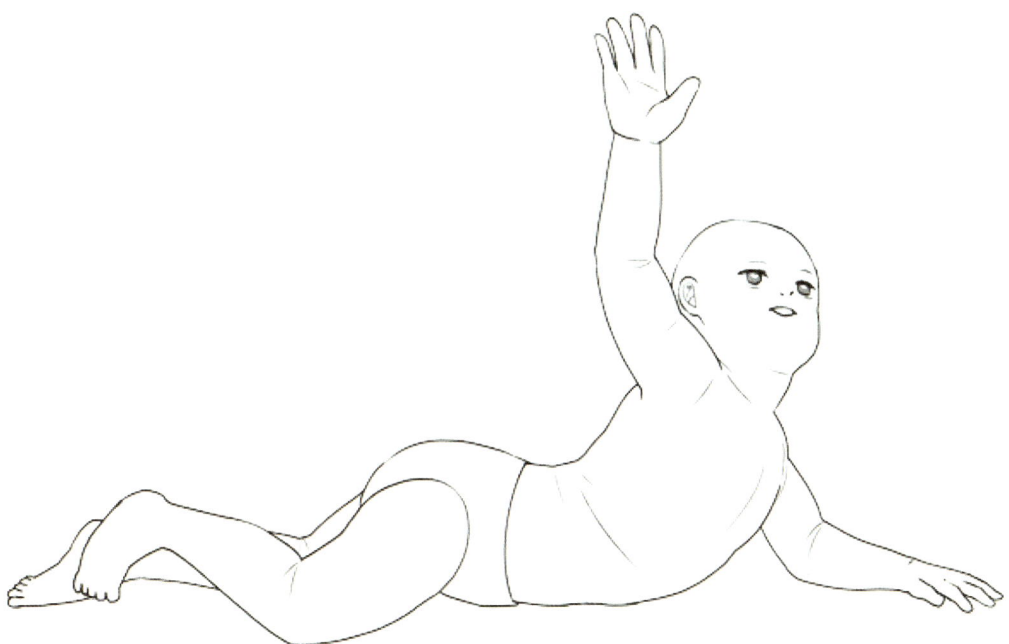

8 개월

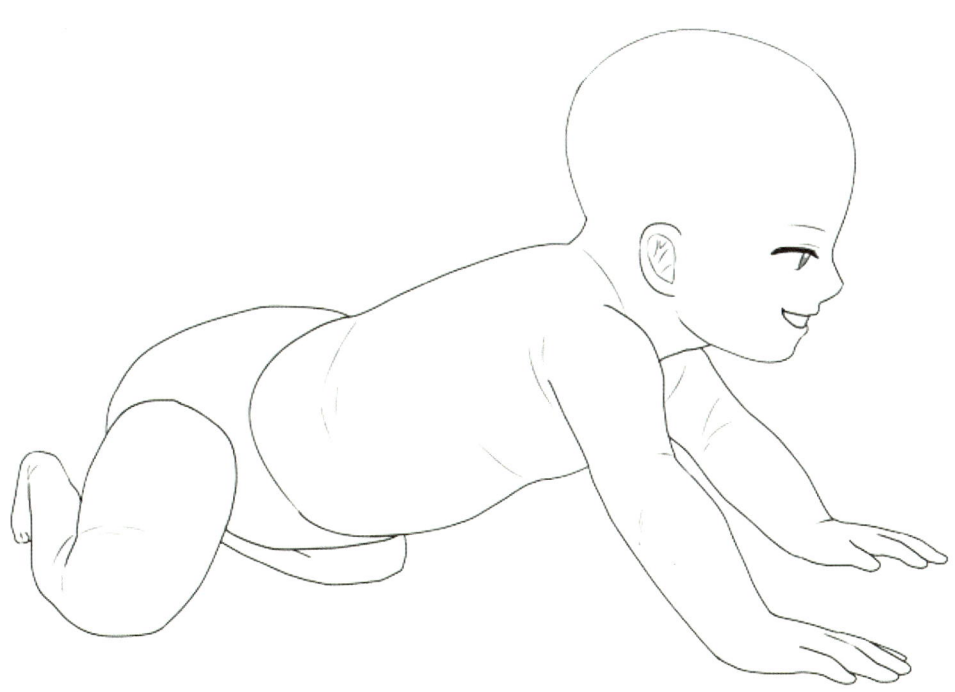

8 개월

9 개월

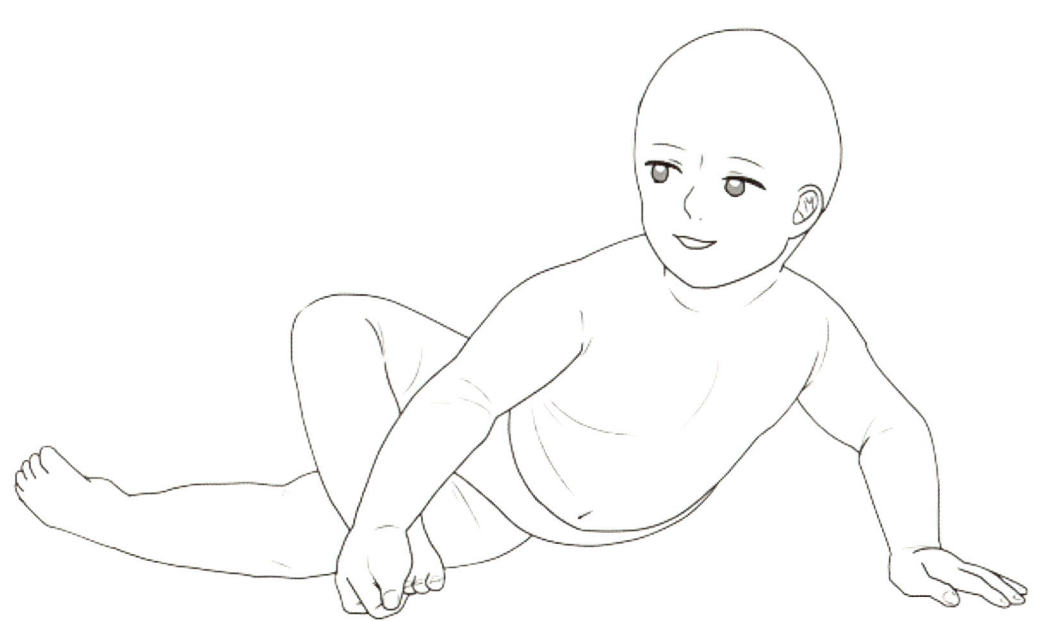

10 개월

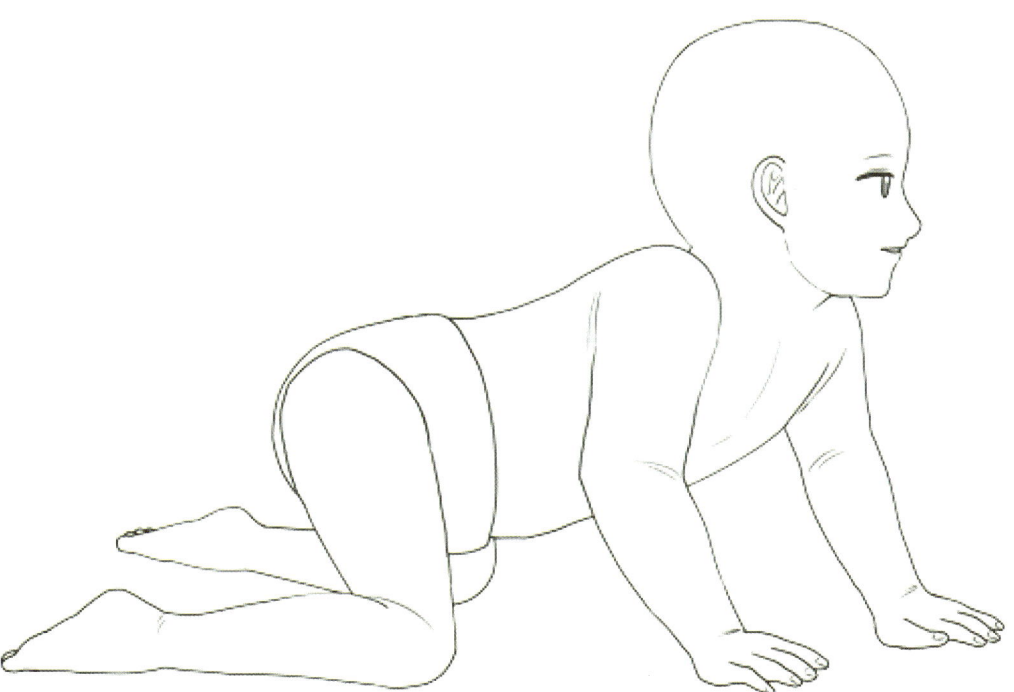

10 개월

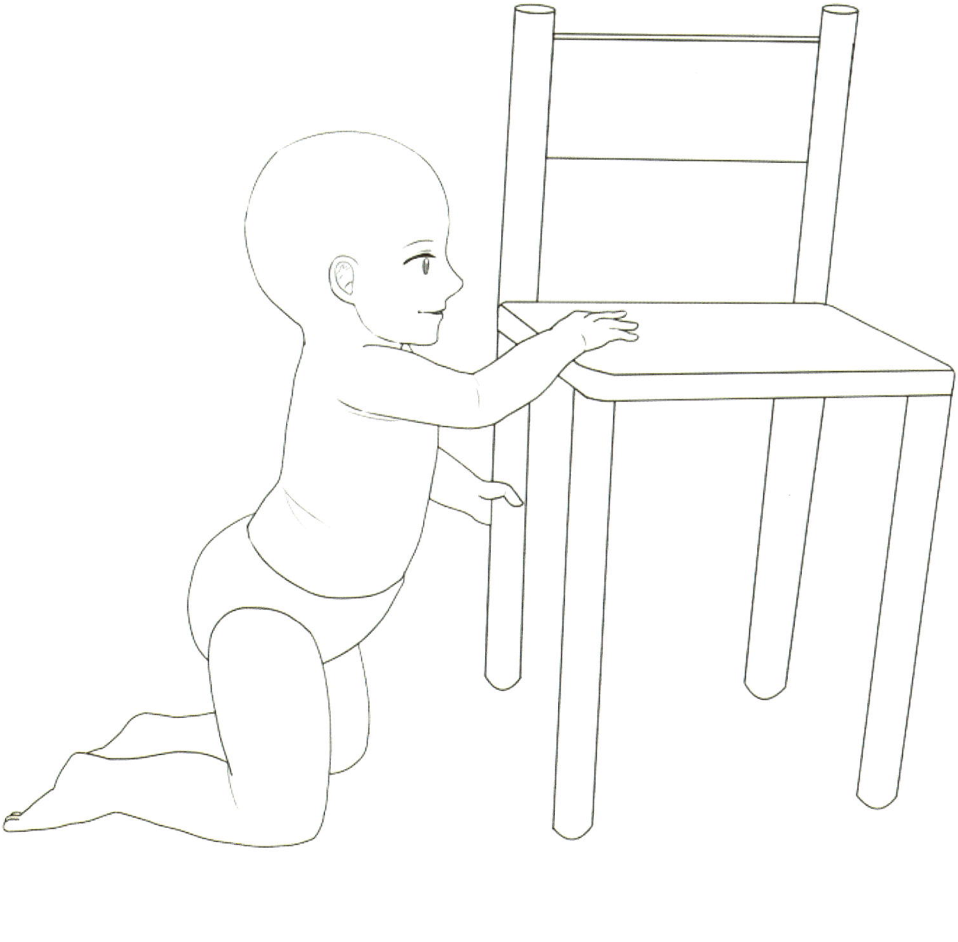

10 개월

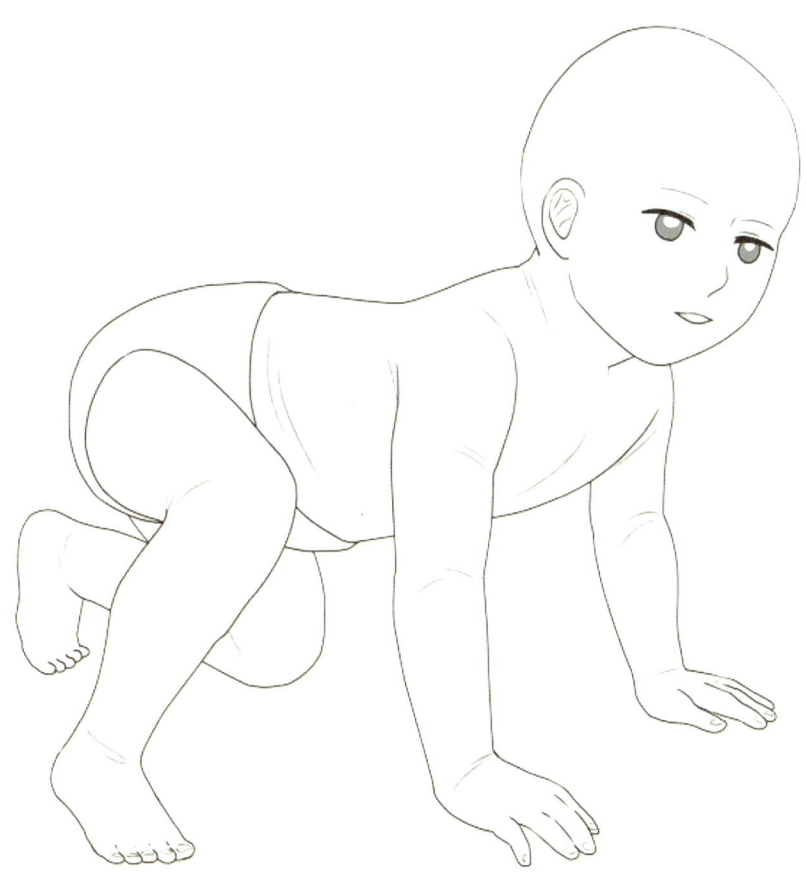

11 개월

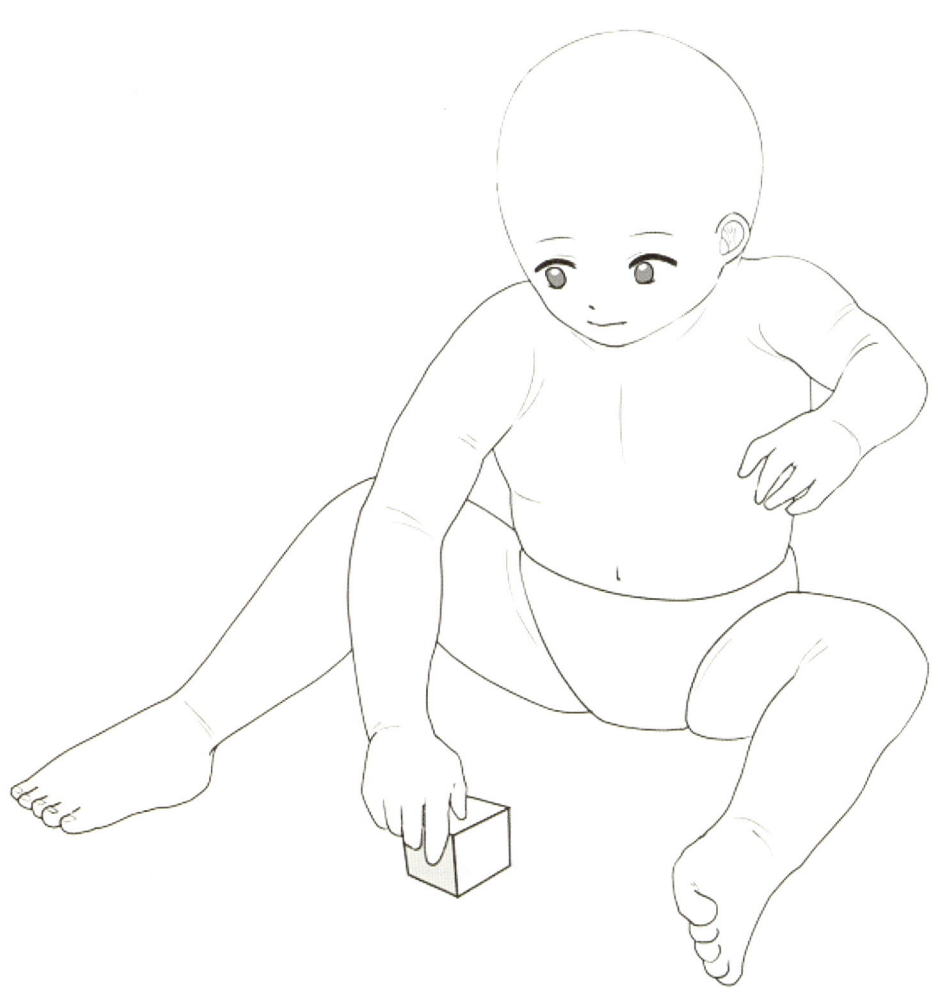

11 개월

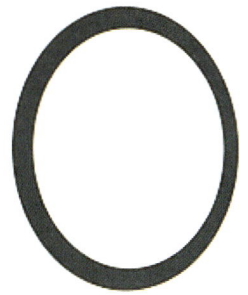
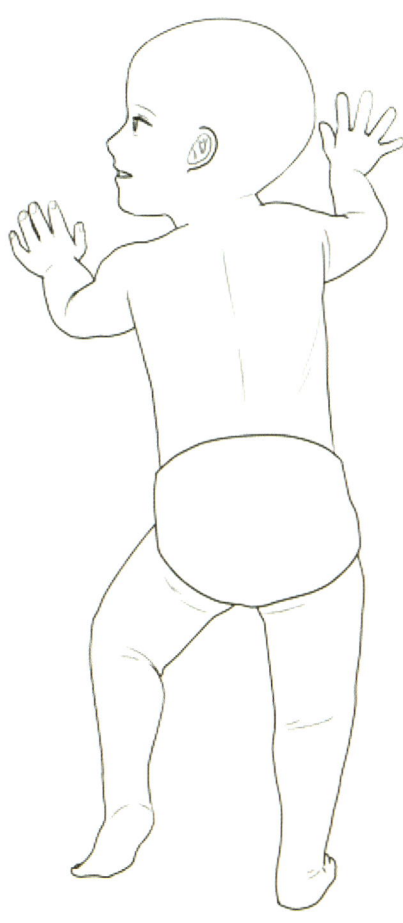

12 개월

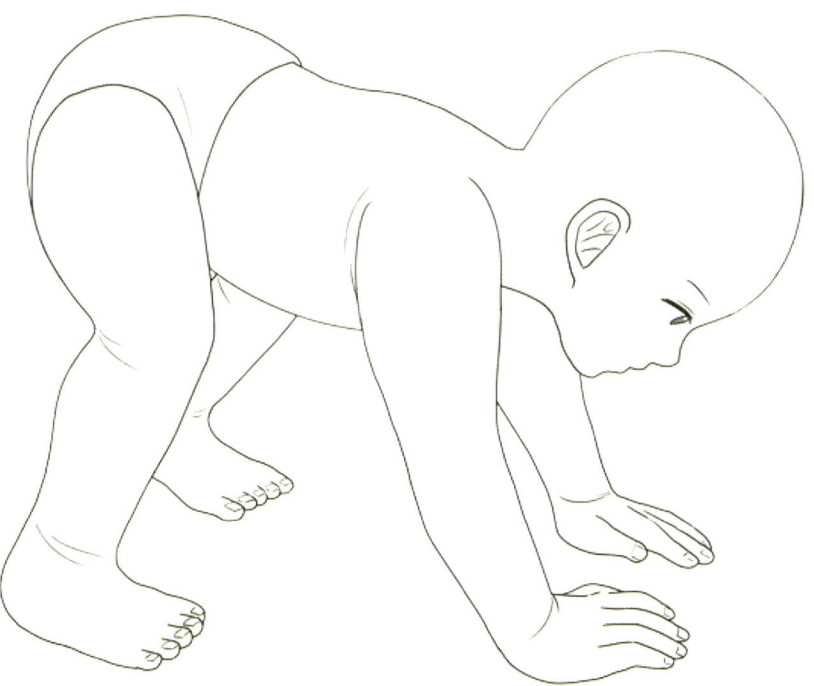

12 개월

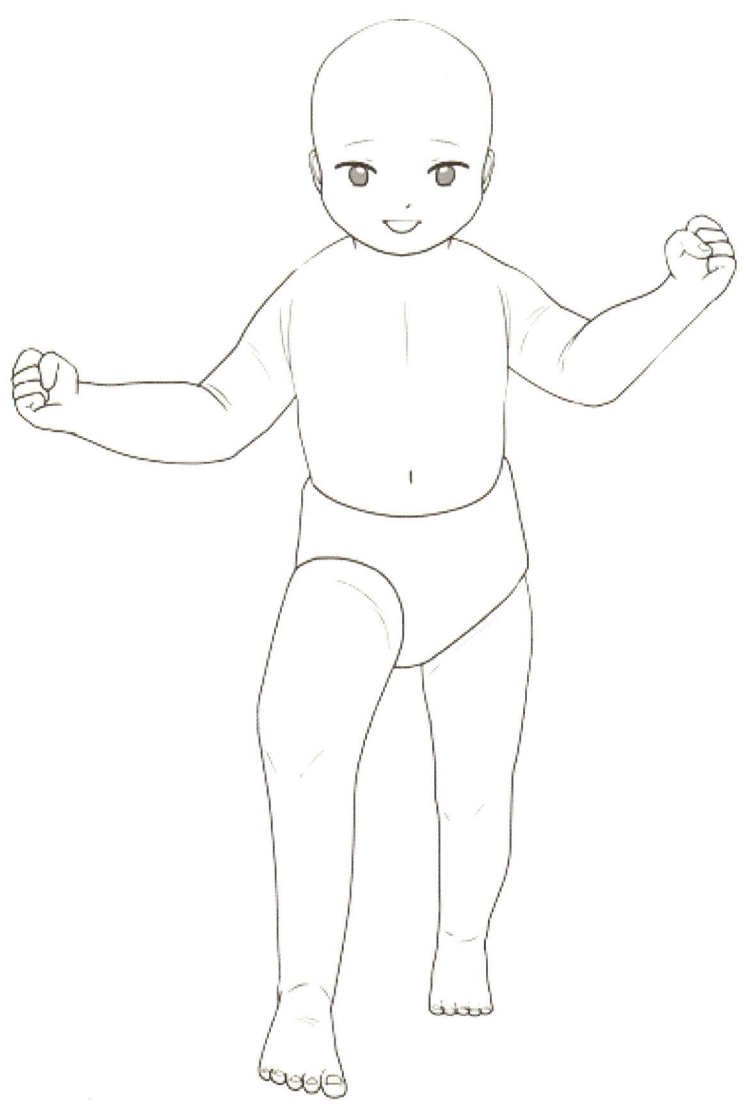

그림으로 읽는 0~12개월
운동 발달과 움직임 놀이

초판 1쇄	발행 2024년 2월 23일

지은이	박은주
편 집	김은예
펴낸이	박요한
펴낸곳	도서출판 봄비와씨앗

주소	세종특별자치시 갈매로 353 에비뉴힐 A동 B1007호
전화	044)862-1365
팩스	044)866-1360
출판등록	제569-2019-000011호
ISBN	979-11-91642-58-2

* 이 책은 저작권법에 따라 보호받는 저작물이므로 무단 전재와 복제를 금합니다.
* 잘못된 책은 구입처에서 바꿔 드립니다.
* 책값은 뒤표지에 있습니다.